아산재단 연구총서 제351집

문화교류역량과 다문화 경영이 기업 경영성과에 미치는 영향

임병학 · 전희주

집문당

머리말

본 연구는 국내 기업에서 종사하고 있는 외국 근로자의 다문화 상황에서 자신들의 행위의 지각에 대한 실증분석을 통해 조직의 문화 지향성이 문화 간 역량과 다문화 조직성과에 어떻게 영향을 미치는가를 밝히고 문화 간 역량의 매개효과가 있는지를 PLS(Partial Least Squares) 모형을 사용하여 분석하였다. 분석 결과는 다음과 같다.

첫 번째는 문화 간 역량이 다문화 조직성과에 미치는 영향이다. 다문화 조직의 문화 간 역량은 다문화 조직성과에 긍정적인 역할을 하는 것으로 나타났다. 두 번째는 조직문화 지향성이 다문화 조직성과에 어떻게 영향을 미치는가이다. 이를 검정하기 위해 구조방정식 모형의 PLS 분석결과 정의 영향을 미치고 있는 것으로 파악되었다. 세 번째는 다문화 조직의 문화 지향성이 다문화 역량에 어떻게 영향을 미치는지에 대한 것이다. 이를 파악하기 위해 PLS 분석한 결과 정의 영향을 미치고 있는 것으로 드러났다. 네 번째는 문화 간 역량의 매개효과 분석을 위해 매개효과의 3단계 검정을 통해 파악하였다. 그 결과, 부분 매개효과가 있는 것으로 나타났다. 결론적으로 다문화 조직성과를 높이기 위해서는 조직 문화 지향성과 문화 간 역량의 수준을 높여 직접적인 개선을 높일 수 있지만, 문화 간 역량을 조직 문화 지향성과 다문화 조직성과 간 매개역할로 간접효과를 통해 성과를 높일 수 있다.

따라서 본 연구결과를 통해서 다문화 기업의 다문화 관리자에게 조직 문화 지향의 직접효과뿐만 아니라 문화 간 역량의 간접효과를 통해 조직성과를 향상시킬 수 있는 방안 수립에 조금이나마 도움이 되기를 기대해 본다.

2013년 6월
임병학, 전희주

차 례

I. 연구개요

II. 다양성 관리 문헌 검토

III. 다문화에 대한 정의

IV. 문화교류역량

V. 다문화 기업 경영

VI. 연구 모형과 가설

VII. 분석방법

VIII. 기술통계 분석

IX. 실증분석

X. 요약 및 결론

| 표 차례 |

| 그림 차례 |

I. 연구개요

I. 연구개요

1. 연구목적 및 필요성

오늘날의 신경제는 "글로벌 경제(global economy)"라고 한다. 이것은 기업의 경영자들에게도 중요한 의미를 내포하고 있으며, 글로벌 비즈니스와 경영자와 종업원들의 행동에도 커다란 영향을 미치고 있다. 세계화는 일반적으로 인간 상호작용을 국제적으로 운영하고 있는 기업을 묘사하기 위해서 사용하곤 한다. 기업들은 재화와 서비스를 생산하여 시장에 유통시키기 위해서 세계에 걸쳐 있는 자원과 프로세스를 공유하기를 원한다. 기업들이 세계화(글로벌화)라고 할 땐 다양성 혹은 다문화[1] 경영으로 기업성과를 내는 것을 일컫는다. 문화, 정치, 종교에 의한 다문화에 의해 구분된 세계에서 포괄적인 직장을 창출한다는 것은 기업에 하나의 도전과 기회가 되고 있다. 따라서 다양성을 지닌 개개인들이 모여서 사회를 뛰어넘어 가치를 창출할 수 있는 장을 제공하는 기업이 세계적(글로벌) 기업이라 할 수 있을 것이다.

---

1) 본 연구에서는 다양성과 다문화를 동일한 의미로 혼용하여 사용한다.

다양성이란 무엇인가? 다양성은 기업 내에 다양한 사회적·문화적 배경을 가진 종업원들의 공존을 말한다(Henry and Evans, 2007). 다양성은 인종, 성, 나이, 피부색, 신체적 모습, 민족 등과 같은 문화적 요인들을 포함한다. 좀 더 넓은 의미의 다양성에 대한 개념은 나이, 국가, 종교, 장애인, 성, 가치, 민족문화, 교육, 언어, 생활양식, 신념, 신체적 모습과 경제적 위치 등을 포함한다. 다양성은 각 종업원이 성, 인종, 민족성, 종교 및 기타 요인들에 의해 저해받지 않고 자신의 경력을 쌓을 수 있는 조직문화의 유형을 필요로 한다. 다양성을 관리한다는 것은 다양한 노동력을 가진 종업원들로 하여금 동등한 노동환경에서 충분한 능력을 발휘할 수 있도록 하는 것을 의미한다. Anderson과 Metcalf(2003)는 다양성을 세 가지 유형으로 설명하고 있다. 첫째는 성이나 나이와 같은 인구분포학적인 특징에서의 차이와 관련된 사회적 범주의 다양성이고, 둘째는 지식, 교육, 경험 등과 같은 배경의 다양성과 관련된 정보의 다양성, 셋째는 개성과 태도에서의 차이와 관련된 가치의 다양성이다. Loden과 Rosener(1991)는 "미국의 직장(Workforce in America)"에서 다양성을 묘사할 수 있는 하나의 방법을 제안하고 있다. 그들은 문화를 다양성의 핵심 및 주변요인으로 구별하고 있다. 〈그림 1-1〉에서 내부의 원은 다양성의 핵심요소를 나타내고 있다. 이들의 구성요소에는 나이, 인종, 민족, 신체적 모습, 성, 성적지향 등이 포함된다. 원의 외곽은 다양성의 주변요인으로 작업배경(work background), 지리(Geographic), 결혼여부(martial status), 군복무 경험(military experience), 종교적 신념(Religious Beliefs), 수입, 부모지위(parental status), 교육 등이 속한다. 이는 자부심과 정체성에 독립적인 영향을 미치고 이 영향은 삶의 단계와 경험의 변화에 따라 변화한다.

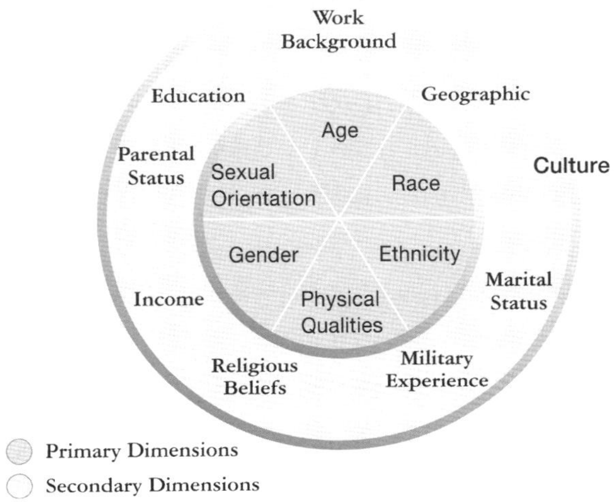

〈그림 1-1〉 다양성 차원

다시 말해 글로벌 기업은 문화적 차이를 이해하고 균형을 갖고 나라의 경계를 넘어 효과적으로 일할 수 있는 기업이다. 글로벌 기업은 기업 구성원의 다양한 언어구사 능력으로 효과적으로 의사소통할 수 있어야 한다. 다양성은 인간과 문화적 차이의 이해, 존경, 평가, 수용에 관한 것이다. 이는 동화(acculturation)를 요구하지 않고 각 독특성을 인정하는 것이다. 지속적으로 다양한 사람을 관리한다는 것은 다문화에 대한 이해를 요구한다. 즉 오늘날과 같은 글로벌 환경에서는 나라, 조직, 팀 그리고 대인 간 장벽을 뛰어넘는 조직을 요구한다. 글로벌 기업의 성공적인 다문화 경영자는 유연하고 폭넓은 행동양식을 가지고 있어야 한다. 문화는 그룹 내에서 혹은 그룹에 의해서 존경받고, 지원받고, 보상받을 수 있는 아이디어, 감정 그리고 행위의 복잡한 행태이다. 따라서 문화는 국가, 개인, 팀, 조직 내 수준에서 이해

될 수 있어야 한다.

그렇다면 비즈니스에서 다양성 관리는 왜 필요한가? 기업인으로서 문화를 잘못 이해해서 협상 실패, 업무 실수, 판매 감소 및 비용을 증가시킨 예들은 많이 있다. 따라서 문화에 대한 이해는 성공의 한 부분이다. 잠재적인 문화적 차이를 인식했을 때 세계에 걸쳐 있는 사람들과 일할 수 있는 능력은 크게 증가할 수 있다. 강력하고 지속 가능한 관계 구축은 경쟁우위를 향상시킬 수 있다. 문화적 차이를 인식하지 못하면 비즈니스 관계나 전 프로젝트를 위험에 빠뜨릴 수 있다. 문화 차이는 비즈니스에 실제적이고 큰 영향을 미칠 수 있기에 직장에서 다문화의 조화는 매우 중요하다 할 것이다.

글로벌 경제는 기업들이 비즈니스를 하는 방식을 재정의하고 있다. 기술은 의사소통 속도를 개선시켰지만, 글로벌 조직의 성공은 경영자 개인이 글로벌 동반자, 동료, 그리고 팀 구성원들과 효과적으로 일을 할 수 있는 기술에 달려 있다. 따라서 문화적 장벽을 허물고 신뢰, 관계 및 신용을 구축하는 것은 핵심적인 리더십 기술이다. 유연하면서 문화적으로 적절한 행동양식과 신뢰, 존경과 동질의식의 분위기는 성공적인 글로벌 성과에 필수적이다.

다양성 관리는 경쟁우위를 창출할 수 있다. 다문화주의는 글로벌 기업에서 기준이 되고 있다. 다문화주의에는 약간의 어려움이 있지만 문화적 다양성은 사실상 부가가치를 창출하고 기업 경쟁우위에 공헌을 하고 있다. 그 일례로 다양한 문화에 의해 형성된 그룹은 더 나은 의사결정을 할 수 있으며, 또 다양한 노동력은 고객의 창출과 이해를 증진시킨다. 치열한 시장 환경에서 가장 최적의 노동자를 찾아내어 고용하고 조직 내에서 최선을 다할 수 있도록 하는 것은 중요한 일이다. 이 최적의 노동자는 다양한 문화적 배경을 가지고 있어 채용과정에 제한하는 요인이 되어서는 안 된다. 일부 나라들에 차별에 대한 문제는 정치적으로 매우 민감한 사항이다. 오늘날 기업들은 다양한 문화에 배경을 둔 노동력을 확보하여 기업 경쟁우위를 확보하고 있다.

다문화 관리의 가장 큰 혜택은 다양한 시장의 이해라고 볼 수 있다. LGBT(Lesbian, Gay, Bisexual, Transgender), 인디언, 여성, 남성, 흑인, 백인, 히스패닉 등 다양한 인종에 의해 모두 기업의 종업원으로 충분히 다양하게 구성되어 있다면, 기업에 효과를 미칠 수 있을 정도로 독특한 사고방식을 가지고 있다고 할 수 있을 것이다. 자원기반 이론에 따르면, 기업의 성장과 경쟁우위는 소유하고 이용하는 자원의 독특한 결합 기능이다(Carpenter 등, 2001). 경쟁우위는 종종 인적 자원, 업무 프로세스, 제품, 재무적 수단, 지식 등으로 열거된다. 다문화주의가 다양성으로 이해된다면 훨씬 더 경쟁우위요인이 될 수 있다. 따라서 본 연구의 핵심은 다양성에 대한 정의를 내리고 다양성이 긍정적이든 부정적이든 비즈니스에 미치는 요인들을 분석하는 데 있다.

다문화 관리에는 많은 장점이 있다. 다문화 관리의 잠재적 이점들로 기업의 경쟁우위 창출 이외에 더 나은 의사결정, 더 향상된 창조성과 혁신, 해외 및 국내 소수 인종에 대한 성공적인 마케팅, 더 많은 경제적 기회 등을 들 수 있다(Cox, 1991; Cox and Blake, 1991).

이러한 이점들은 은행업에서 문화(인종)의 다양성, 사업전략, 기업성과 간의 관계에 대해 분석한 Richard(2000)의 연구에서 우선적으로 찾아볼 수 있다. 그는 인종의 다양성이 생산성, 자기자본 수익률, 시장성과로 측정하는 기업성과 결정 등 사업전략에 영향을 끼치고 있음을 찾아냈다. 그의 연구결과는 문화적 다양성은 부가가치를 창출하고 기업 경쟁우위에 기여하고 있음을 설명하고 있다. 또한 다양한 노동력은 정치적 단정이나 정치적 지시에 관한 것이 아니라 성공에 필요한 도구, 자원 및 기회를 제공하여 모든 종업원들 간 탁월한 능력을 발휘할 기회를 열어놓는 것이다(Crockett, 1999). 따라서 기업이 지속적으로 변화하는 환경에서 성공하려면 다양성을 경쟁에서 우위를 확보하는 사업전략으로 간주해야 한다.

다문화주의는 보통 이민자들과 주류사회 간의 관계에 의해 형성된다. 예를 들면, 한인과 히스패닉 간 관계, 즉 이민자들 간의 관계는 색다른 모습을 보이고 있다. LA에 위치한 코리아 타운에서 라티노 이민자들의 지속적인 인구증가는 최근 미국 역사에서 전례 없는 문화적 · 언어적 교류를 이루고 있다. 이재학(2004)에 의하면, 미국 내 한인이 많이 거주하는 대도시에서 히스패닉과의 접촉은 피할 수 없으며 한인들은 자신들이 경영하는 노동 집약형 소규모 자영업에서 피고용인으로 히스패닉을 값싼 노동력으로 활용하고 있는 실정이다. 국내의 외국 노동자를 고용하고 있는 기업도 마찬가지 상황이다(삼성경제연구소, 2005). 우리나라의 다문화 경영의 단계는 Cox(1991)가 주장한 다문화 경영의 조직 발전 단계 중 첫 단계에 해당하는 획일적인 다문화 조직 경영에 해당된다. 서로 간 상생관계로 발전시키기 위해서는 다문화 조직으로 발전해야 할 것이다. 따라서 본 연구는 다문화 관리관점에서 한국 기업이 다문화 조직으로 발전하기 위한 방안을 제시함과 동시에 기업성과에 영향을 미치는 다문화 관리요인과 문화교류역량(Intercultural competence) 요인이 경영성과에 미치는 영향을 실증적 연구를 통해 밝혀내고자 한다.

다문화에 기반한 노동력은 기업의 종업원들 구성이 다양한 민족, 인종, 종교, 성적 배경에 기반을 두고 있다. 오늘날 포춘 500대 기업 중 84%에 해당하는 경영자의 대부분은 문화적으로 다양한 노동력의 지속적 증가 추세를 도전과 기회로 인식하고 있으며, 이것이 전반적인 기업 성공의 핵심요인이 될 수 있음을 인식하고 있다. 노동력의 인구통계학적 추세와 증가하는 기업의 글로벌화(세계화)의 결합으로 인해, 대부분의 기업 리더는 문화적 차이 경영을 그들의 일정에 올려 놓고 있다(Cox, 1991). 조직 노동력의 성, 인종, 민족성, 국민성과 같은 차원에서 이질성은 계속적으로 증가하는 추세이다. 이러한 다양성의 잠재적 이익은 더 나은 의사결정, 더 높은 창조와 혁신, 해외 및 소수 인종 공동체 마케팅에서의 성공, 더 나은 경제적 기회 등이 될 수 있다. 역으로 문화적 차이는 동시에 높은 이직률, 대인관계 갈등 및 의사소통 결여를 증가시킬 수 있다.

일찍이 이민문화에 기반을 둔 미국은 1960년대 시민운동으로 차별 철폐(Affirmative Action) 정책으로 오늘날 학교 및 기업에서 다문화 경영을 통한 글로벌화가 정착되고 있다. 이는 인종, 성별, 나이, 종교, 피부색, 장애 등에 따른 차별을 적극적으로 시정하기 위한 정부의 조치이다. 이 조치는 기업의 평등고용기회와 다양성 관리로 점차 차원을 높여 가면서 소수집단 보호와 다양성 확대를 촉진시켜 가고 있다. 미국 기업들은 다양성 관리로 사업기회를 선점하기 위해 종업원들 간 차이를 극대화하는 전략을 구사하고 있다(Thomas, 2004). 여성인력 활용, 장애인 고용, 외국인 근로자 활용, 핵심인력 채용을 위한 각종 프로그램을 개발하여 다양성 관리를 하고 있다. 유럽연합은 2006년 성별, 인종/민족, 장애, 성적 지향, 종교와 신념, 연령 등의 요소에 대한 차별금지를 최소요건으로 규정하여 소속 국가 간 차별방지법을 의결하였고 2007년을 EU 소속 인종 간 차별 철폐의 원년으로 삼았다(European Commission, 2007). 그러나 국내 기업의 경우 삼성경제 연구소가 2004년 177개 한국 기업을 대상으로 실시한 HR 인덱스 조사결과에 따르면 다양성 관리를 실시하고 있는 기업이 19.8%로 미국

포춘 500대 기업 중 84%에 비해 매우 낮은 수준이다. 따라서 외국인 노동자가 국내 인구의 2%에 해당하는 100만 명 시대의 다인종·다문화 시대에 돌입한 국내 기업은 경쟁우위를 확보하기 위해서 다문화 관리를 체계화해야 함은 물론 선진 기업 벤치마킹에 의한 다양성 관련 제도, 관행, 문화 점검 및 개선에 대한 충분한 연구가 있어야 한다.

지금까지 다문화 관리가 기업 경영성과에 미치는 영향에 대해서는 개념적 차원에서 연구되어 왔지만 실증적 차원에서의 연구는 미국을 중심으로 최근에 연구되기 시작하였다. 다문화(다양성) 경영이 기업성과에 미치는 영향에 대한 연구에서 초기에 가장 널리 알려진 사람은 1990년대 초에 Cox와 Blake(1991)라고 할 수 있다. 그들은 문화 다양성이 조직에 미치는 영향에 대한 개념적 모형을 제시했다. 2000년에 Richard는 자원관점에서 인종의 다양성, 사업전략 및 기업성과와의 관계를 설명하고 있다. 또한 그는 인종, 성의 다양성과 기업성과의 관계를 기업관점에서 설명하고 있다(Richard 등, 2004). Festing 등(2006)은 문헌 검토를 통해 다양성 경영과 문화 간 역량이 기업성과에 미치는 요인들에 대한 개념적인 모형을 보여주고 있다. Roberson과 Park(2006)은 다양성의 명성과 리더의 인종적 다양성이 기업 재무성과에 미치는 영향을 종적인 데이터를 가지고 실증연구를 하였다. 앞에서 검토한 문헌들은 모두 미국이나 유럽 기업을 대상으로 한 연구이다. 그러나 국내 기업을 대상으로 기업관점에서 다양성 경영에 대한 연구와 나아가 기업성과와 연계한 연구는 찾아보기 어렵다(성상현 등, 2005). 다만 사회 언어학적 관점에서 지역학 연구나 언어학 연구에서 다문화 관리의 필요성을 제시하고 있는 실정이다(이재학, 2004).

따라서 국내는 물론 해외 이민자들의 경우 다양한 문화에 대한 이해 및 다양성 경영을 통한 경영성과 향상은 글로벌 기업을 지향하는 오늘날의 시대적 요구이다. 다문화 경영에 대한 다각적인 연구와 이를 실행하기 위한 행동 계획 등이 지속적으로 연구되어야 한다. 학계는 다양한 나라의 문화 연구와 다문화를 경영에 활용하는 전략 등에 대한 연구가 있어야 하고, 정부차원에서는 소수 그룹 혹은 소수 인종에 대한 평등고용과 관련한 법과 정책 등에 대한 체계적이고 심도 있는 연구가 요구된다. 또한 다문화 관리가 기업성과에 긍정적 · 부정적인 영향을 미치는 요인들을 파악하여 긍정적인 요인은 극대화하고 부정적인 요인은 최소화하는 전략의 구사가 실제 기업에서 필요하리라 본다. 따라서 본 연구는 실증적 연구를 통해 경영성과에 미치는 다문화 관리요인들을 밝혀내고, 국내 및 해외에서 다문화 관리를 지향하는 기업에 다문화 경영방법을 제안하거나 진정한 글로벌 기업으로 도약하기 위한 방안들에 대해 연구하고자 한다.

2. 연구범위 및 내용

다양성은 오랜 관행과 오랫동안 계속되어 온 문제에 새로운 접근법을 불어넣는 것이다. 조직에서 개개인에게는 이런 변화가 고통이 될 수 있고, 어떤 그룹에 대해 강한 편견을 갖는 개개인은 급속히 변화하는 노동력의 인구분포에 있어서 위협적이 될 수도 있다. 이러한 주어진 현실에서, Thomas Jr.(1990)는 "인종과 성을 넘어서(Beyond Race and Gender)"에서 기업들은 적극적인 다양성 관리에 단순히 문화적 다양성 인식을 뛰어넘을 필요가 있음을 지적했다. 다양성을 관리한다는 것은 모든 종업원을 위해 일을 하는 환경을 개발하는 포괄적인 경영과정이다. Thomas(1990)는 다양성 관리는 해결해야 할 문제로 보아서는 안 되고, 관리해야 할 자원으로 보아야 한다고 지적하고 있다. 또한 Cox Jr.(1993)는 다문화 경영의 발전과정은 획일적 조직(monolithic organization), 다원적 조직(plural organization), 다문화 조직(multicultural organization)의 형태로 발전한다고 보았다. 다문화 조직의 주된 특징은 경영 및 관리 위치를 포함하는 기업의 모든 구조적 수준에서 소수 인종의 통합이다. 또 다른 특징으로는 기업의 비공식적·사회적 네트워크와의 통합, 편견과 차별 철폐, 다양성 수용뿐만 아니라 다양성으로 가치를 창출하는 사고 등을 들 수 있다.

따라서 효과적인 다양성 경영을 위해서는 개인, 그룹, 조직 수준에서 다루어져야 한다(Cox, 2001; Festing 등, 2006). 개인 수준에서의 다양성 경영요인은 정체성 구조, 편견, 고정관념, 개성들과 관련한 인식과 기술의 다양성 훈련이다. 그룹 수준의 다양성 경영은 서로 다른 문화적 배경에서 함께 일을 할 수 있는 다문화 그룹 구조에 대한 것으로 문화적 차이 인식, 민족 중심주의, 그룹 간 충돌 등의 요인이 있다. 이에 대한 다양성 경영은 멘토링 프로그램, 네트워크 등을 들 수 있다. 마지막으로 조직 수준에서 다문화 경영은 사명기술서, 사업전략에서 다양성 경영전략 및 문화 다양성의 평가와 관련이 있다. 이런 요인들은 문화 적응과정, 인사시스템에서의 제도적 편견, 구조적 통합, 비공식적인 통합 등이 있다.

Cox(2001)는 그의 저서 "조직에서의 문화 다양성(Cultural Diversity in Organizations)"에서, 문화 다양성이 조직에 미치는 영향에 대한 개념적 모형을 제시했다. Cox(2001)가 제안한 모형에 따르면, 개인, 그룹, 조직요인들은 조직성과에 영향을 미치는 개인의 성과와 상호 작용하고 있다고 보았다. 게다가 개인 및 조직의 성과는 직무성과와 업적성과에 영향을 미칠 수 있다. 따라서 다문화 경영에서의 기업성과는 개인, 그룹, 조직의 차원으로 이해해야 한다. 개인 수준의 성과요인은 Cox(2001)가 제시한 직무성과와 업무달성 성과로 볼 수 있다. 직무성과 측정요인은 직무만족, 직무참여도, 이직률 등으로 볼 수 있고, 업무달성 성과요인으로는 보상, 승진 등으로 볼 수 있다. 그룹 수준의 성과는 생산성, 창조성, 혁신성, 문제해결 능력 등으로 볼 수 있다. 마지막으로 조직 수준의 성과는 시장점유율, 수익률, 조직목표 달성도 등이라 할 수 있다.

다문화 경영의 궁극적인 목적은 문화교류역량을 최대한 발휘하게 하여 기업의 경쟁우위를 확보하는 것이다. 문화교류역량은 조직의 시스템에 들어와서 다문화 환경에서 효과적으로 일을 할 수 있도록 하는 일련의 업무 관련 행위, 태도, 정책이라 할 수 있다. 다시 말해, 역량은 관계를 구축하고 유지하는 능력, 최소의 비용으로 효과적이고 적절하게 의사소통할 수 있는 능력, 그리고 다른 사람과 협업할 수 있는 능력이다. 문화교류역량은 행위의 표현으로 입증되는데 일반적으로 이를 묘사할 수 있는 속성들은 다른 사람들 간 존경(respect), 공감(empathy), 유연성(flexibility), 인내심(patience), 관심(interest), 호기심(curiosity), 개방성(openness), 동기부여(motivation), 유머감각(sense of humor), 포용력(tolerance for ambiguity), 판단을 유보하고자 하는 의지 등이다(Kealey, 1990; Kohls, 1979). 문화교류역량은 인식(awareness), 태도(attitudes), 기술(skills), 지식(knowledge), 그리고 호스트 언어의 능숙함의 다섯 가지 차원에 의해 측정할 수 있다.

3. 연구방법론

본 연구는 앞에서 언급한 다양성 경영이 기업성과에 어떠한 영향을 미치는지, 그리고 문화교류역량 정도에 따른 다문화 기업 경영과 기업성과 간의 관계를 분석하고자 한다. 본 연구의 주제와 관련된 문헌 연구들에 대한 이론적 검토를 바탕으로 다양성 경영과 기업성과 그리고 문화교류역량 간의 관계에 대한 분석이 본 연구의 핵심이다. 이를 입증하기 위해 다음과 같은 방법으로 연구하고자 한다. 이에 대한 개념적 연구 모형을 〈그림 1-2〉에 표현하였다.

첫째로, 본 연구는 글로벌을 지향하는 기업들의 경영성과 향상에 영향을 미치는 다양성 경영요인을 제시하고자 한다. 글로벌 기업에 대한 다문화 경영과 기업성과 간의 관계로 Cox(1991), Richard(2000), Festing 등(2006) 등의 연구결과에서와 같이 글로벌 경영을 추구하는 기업은 다양성 경영을 효과적으로 운영할수록 기업성과가 향상하는 효과를 나타내고 있다.

둘째로, 다양성 경영과 기업성과 간의 관계에 문화교류역량이 매개효과를 나타내고 있음을 입증하고자 한다. 이는 글로벌 기업의 문화교류역량에 따라 다양성 경영과 기업성과 간에 미치는 상호작용효과를 파악한다.

셋째로, 글로벌 기업의 문화교류역량과 기업성과 간의 관계로 문화교류역량이 높을수록 기업성과는 향상되는 효과를 입증한다(Festing 등, 2006).

앞에서 제시한 연구내용을 입증하기 위한 설문은 다양성 경영, 기업성과, 문화교류역량에 대해 리커트 7점 척도로 이용할 예정이다.

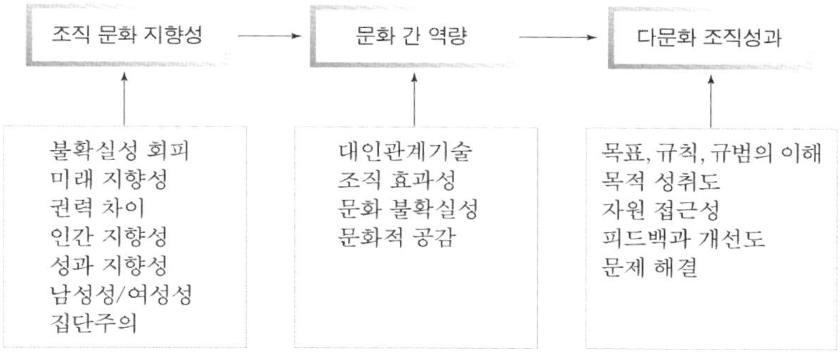

〈그림 1-2〉 개념적 연구 모형

본 연구의 표본은 국내 외국인을 고용하고 있는 기업을 대상으로 할 예정이며, 자료의 수집은 다양한 인종의 조사를 위해서 피고용인이 익숙한 언어로 설문을 번역하여 직접방문 및 우편에 의해 수행할 예정이다. 이런 방법으로 수집된 자료를 기반으로 얻어진 자료는 통계 패키지 SPSS 19, SMART PLS 3.0을 이용하여 분석할 예정이다.

당초 본 연구 제안 시에 위의 연구 모형을 위계적 선형 모형으로 분석하고자 하였으나, 연구 모형에 대해 좀 더 고찰한 결과 구조 방정식 모형이 더 적합하다고 판단되어 구조 방정식 모형 중 주성분기반 구조 방정식 모형인 PLS(Partial Least Squares) 모형을 적용하고자 한다. 한국 내 기업에 종사하고 있는 외국인 근로자에 대한 설문조사가 쉽지 않아 표본 수가 적고 측정오차가 있기 때문에 위계적 선형 모형보다는 구조 방정식 모형인 PLS가 좀 더 정확한 분석이 될 수 있다.

본 연구에서 연구 모형을 실증분석하는 연구방법으로 PLS 모형을 적용하고자 하는 구체적인 이유는 다음과 같다. 첫째로 PLS 모형은 반영적 측정 모형과 조형적 측정 모형 모두에 사용 가능하기 때문이다(Diamantopoulos & Winklhofer, 2001). 둘째로 샘플 크기가 작을 경우에도 경로 모형을 추정하는 데 사용할 수 있기 때문이다(Chin & Newsted, 1999). 셋째로 PLS 모형은 추정문제와 상관없이 많은 잠재 및 측정변수로 구성된 복잡한 모형도 가능하기 때문이다(Wold, 1985). 네 번째로 PLS 모형은 데이터의 분포가 높게 왜도되었을 때(skewed), 그리고 측정 데이터의 독립성이 확보되지 않았을 때에도 사용 가능하기 때문이다. 공분산기반 모형(ML, GLS, ULS)과 분산기반 모형인 PLS 모형 중 어느 모형이 좋은지는 연구 모형의 상황에 따라 다를 수 있다. Wold(1974)가 처음 PLS 모형을 도입할 시는 공분산기반 모형의 보완적 모형으로 개발하였다. Joreskog(1982)에 따르면 공분산기반 구조 방정식 모형은 이론 지향적이고 탐색적 분석보다는 확인적 분석을 강조하는 반면, PLS 모형은 복잡한 상황에서 인과관계에 의한 예측분석과 낮은 이론적 배경을 갖는 연구 모형을 지향한다. 두 접근법 간의 철학적인 차이점은 이론 검정 및 개발을 할 경우는 공분산기반 구조 방정식 모형을, 이론적으로 빈약한 배경에서 예측을 목적으로 할 경우는 PLS 모형을 이용하는 것이 대체적으로 적합하다.

II. 다양성 관리 문헌 검토

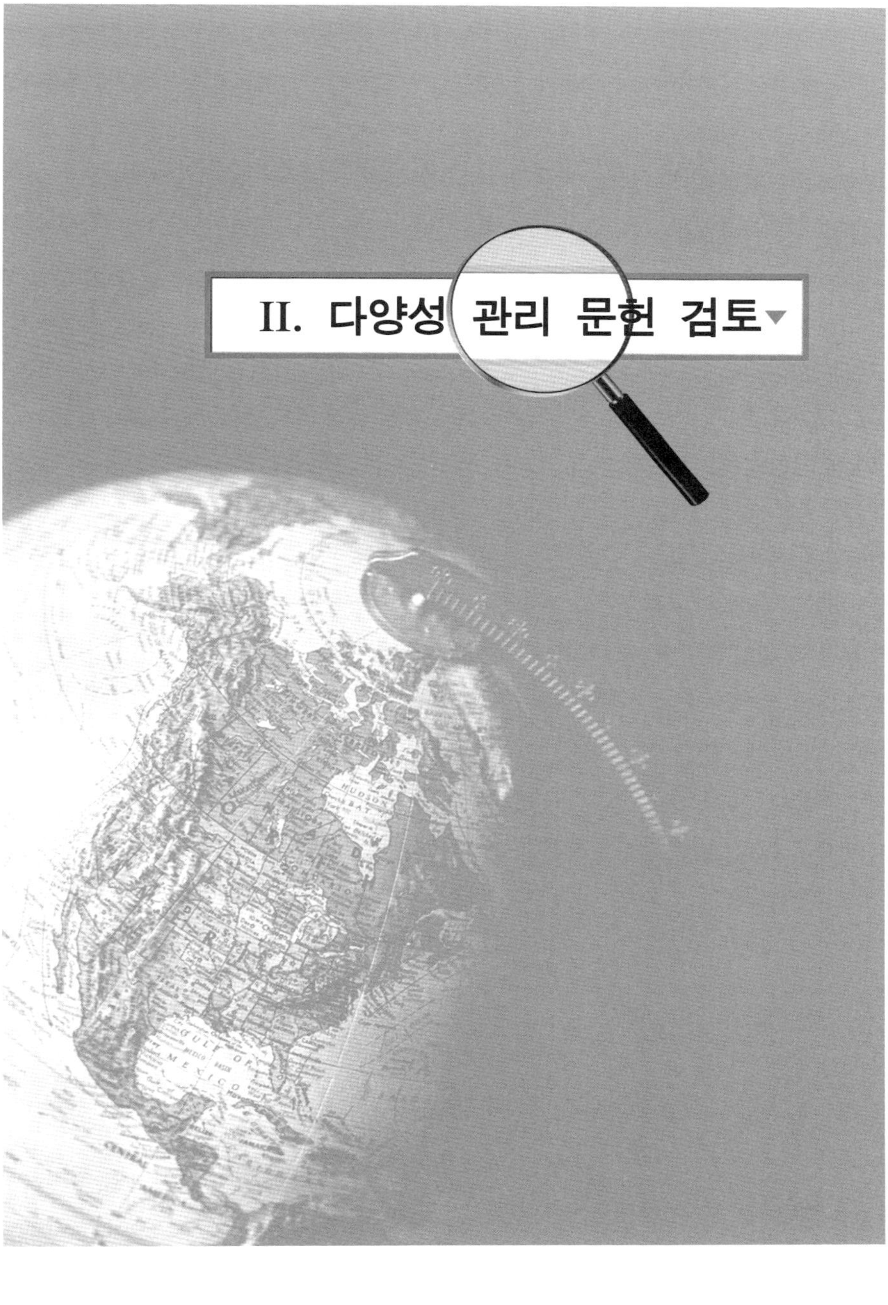

II. 다양성 관리 문헌 검토

오늘날 기업들은 서로 다른 사회, 문화, 그리고 경제적 배경에서 온 사람들과 관계를 맺고 효과적으로 일을 해야 할 필요가 대두되는 글로벌 환경에 직면하고 있다. 이러한 발달로 인해, 다양성은 조직의 생명에 대두되는 요인이 되고 있어, 다양성 관리는 다양성에 대한 도전을 충족시키는 데 매우 중요하다. 조직에서 이런 다양성을 관리하면 새로운 도전들을 유망한 조직의 기회로 전환할 수 있다. 다양한 문화적 배경에서 온 사람들을 선발, 유지, 그리고 동기부여를 할 수 있는 능력은 경쟁우위를 높일 수 있다(Cox and Blake, 1991; Tung, 1995).

관리자들은 다양성 관리가 조직의 효과를 개선할 수 있음을 주장하고 있고, 일부 기업 사례들은 창조성의 증가와 혁신 능력의 강화와 같은 개념에 대해 긍정적인 효과를 보이고 있다(Cox, 1993).

다양성은 성, 인종, 민족, 혹은 연령과 같은 서로 다른 차원을 나타내고, 이 독립적인 차원들 중 몇 가지는 사람들을 또한 구별할 수 있게 해 준다. 이런 개념에서 다양성은 경제적 · 전략적 우위를 위한 유망한 자원으로 여겨지고 있다(Kelly and Dobbin, 1998; D'Netto and Sohal, 1999). 그러나 다양성은 잘못된 의사소통과 낮은 팀 응집성 같은 부정적인 효과도 가지고 있다(Cox, 1991). 결론적으로 다양성 자체는 긍정적 효과만을 가지고 있지는 않기 때문에, 다양성은 조직효과를 향상시키기 위하여 효과적으로 관리되어야 한다(Cox, 1993; Williams and O'Reilly, 1998).

다양성을 관리하는 것은 미국뿐만 아니라 우리나라의 글로벌 혹은 중소기업의 주된 관심사가 되어 왔다. 다양성 관리에 전문적인 기업들은 기업 경영자들이 적절한 다양성 정책과 프로그램을 설정하도록 돕고 있는 실정이다. 다양성 관리 문헌에서 중요한 주제는 다양성 향상이 기업 내부에서 일어나고 있다는 사실이다. 다양성 관리에 대해 최근에 가장 많이 언급되는 두 가지는 다양한 노동력을 통한 기업의 성과(bottom line) 향상과 업무 환경을 개선시킨다는 것이다.

Jefferson 등(2008)에 의하면, 기업의 최종성과 향상 관련 문헌은 노동의 다양성이 종업원들 간 재능의 범위와 기술기반을 증가시켜 종국적으로 기업의 성과에 긍정적인 영향을 미치고 있음을 제시하고 있다. 이것은 부분적으로 폭넓은 인재 풀(pool)로부터 채용하는 기업의 수많은 우수한 인재의 접근 및 고용(Hubbard, 2004; Morrison, 1996)에서 효과적인 다양성 프로그램을 통한 인건비 절감으로 확장되었다. 기업에서 이런 프로그램을 이수한 소수의 종업원들은 기업에 만족하고 충성도가 높아짐에 따라 결국은 이직률이 낮아진다. 또한 문헌들은 기업의 리더십이 다양할 때 부가혜택이 발생할 수 있음을 주장하고 있다. Morrison(1996)이 연구한 바에 의하면, 폭넓은 인재들에 적용할 수 있는 리더십 개발에 대한 좀 더 효과적인 방법은 조직의 생산성, 수익, 그리고 사업 환경에 대한 적응성을 높일 수 있다는 것이다. Davis(2000)는 다문화 기반의 소수 경영자를 고용하는 것은 경쟁에서 우위를 확보할 수 있는 효과적인 방법임을 제시하고 있다. 고용시장에서 치열한 경쟁과 변화하는 인구통계로 인해, 수많은 기업들이 소수 경영자들을 충분히 활용하지 않은 과소평가된 자원으로 남아 있다. 그러나 이런 문헌에서 영리 기업은 다양한 소비 시장을 반영하는 다양한 노동력을 개발함으로써 기업이 고객을 증가시킬 수 있음을 보이고 있다. 기업들은 자신들의 목표 고객과 유사한 노동력을 확보함으로써 시장점유율을 향상시킬 수 있다. 다문화 기반의 소수 종업원들이 다문화 기반의 소수의 소비자들과 좀 더 잘 소통할 수 있어, 그들의 요구를 잘 파악할 수 있기 때문에 고객 서비스나 고객 관계의 질을 향상시킬 수 있다. 주택담보대출과 같은 서비스 지향 산업에 전문화된 일부 기업들에서, 다문화 기반의 소수 대출자들이 자신의 민족과 동일한 기업으로부터 대출을 받고 싶어 한다(Cleaver, 2003). 건강 관련 산업에서, Cohen 등(2002)은 다양한 노동력은 다문화 기반의 소수자들이 높은 질의 의료 서비스를 받을 확률을 증가시킬 것이라고 주장하고 있다. 다문화 기반의 소수의 환자들은 다문화 기반의 소수 의사로부터 서비스를 받고 싶어 하고, 다문화 기반의 소수 의사들은 소수의 집단에 많은 서비스를 하는 데 관심을 갖고 있기 때문에, 그들의 특정요구를 더 잘 반영할 수 있다. 다양성 문헌에서 공통적인 전제는 좀 더 다양한 노동력은 인력 개발과 높은 수준의 직무 만족을 개선한다는 것이다. 효과적인 다양성 프로그램은 업무 환경의 질을 개선할 수 있을 뿐만 아니라 다문화 기반의 소수와 다수 인력의 직무 만족과 성과를 향상시킬 수 있다. 전반적인 공평성에 공헌하는 다양성 프로그램은 업무 환경 개선과 종업원들의 효과적 활용을 돕는다. Cox(2001)에 따르면, 다문화 조직들은 다문화 기반의 소수를 기업 조직에 적극적으로 활용하고, 종업원들 간 개별적 차이에 대한 공감을 형성하는 가장 유연한 기업이다. 이런 유형의 기업들은 다양성을 통일성으로 장려하는 포괄적인 방법으로 여기는 경향이 있다. 그러나 여전히 구성원에서의 다양성(표면적 다양성)은 직장의 조화에 공헌하고 있는 것 같지는 않다.

다양성은 기업의 사회적·사업적 구조로 받아들여져야 한다. Brock와 Sanchez(1996)는 다양한 환경은 차별이 감지되지 않는 경우, 종업원 만족을 증가시킬 수 있다는 가설을 입증하였다. 그러나 이들은 기업들이 다양성을 우선순위로 두고 조직 내 문화 차이에 대한 수용을 높임으로써, 소수자들이 지속성과 인재 개발에 긍정적으로 공헌할 수 있기 때문에, 소수 종업원들의 충성도를 높일 수 있음을 제시하였다.

지금까지 살펴본 바와 같이 다양성 관리에 대한 많은 문헌들은 구조화되지 않은 방법으로 사례들을 나열하고 있다. 예를 들면 문헌에서 다루어온 주요 사례는 다양성 관리를 미션 기술서나 다양성 훈련에 포함하고 있고(Cox, 1991; Kelly and Dobbin, 1998; Jayne and Dipboye, 2004; Sackmann 등, 2002), 이러한 서로 다른 척도를 조직의 서로 다른 수준에 적용하고 있다. 이들은 개인별, 그룹별, 기업별 수준 간 차이를 두고 있다. 다문화 관리에 대해 좀 더 체계적인 분석을 하기 위해 본 장은 다수준 접근법(multi-level approach)에 의한 문헌들을 고찰하고 본 연구의 방향을 제시하고자 한다.

1. 문화 다양성의 상호작용 모형

본 절은 Cox(1993)가 수많은 기업 컨설팅과 관련 문헌 연구를 통해 제시한 문화 다양성의 상호작용 모형(IMCD, Interactional Model of Cultural Diversity)을 설명한다. 이 모형은 문화 다양성이 조직에 미치

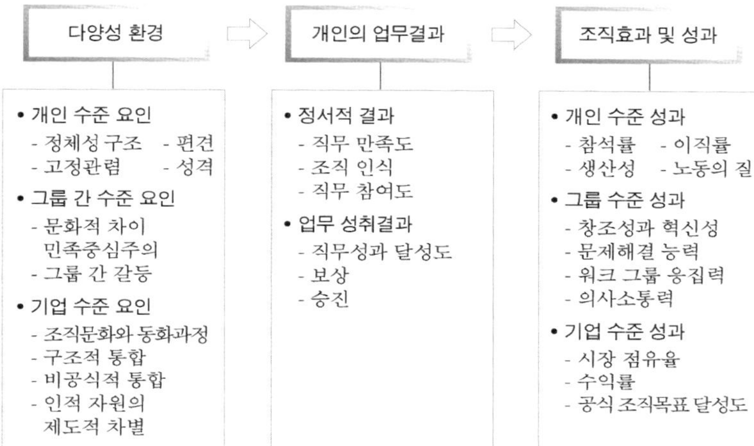

〈그림 2-1〉 문화 다양성의 상호작용 모형(IMCD)

는 영향에 대한 개념적 모형이다. 이 개념 모형은 기업성과가 개인, 그룹, 조직의 다수준의 문화적 요인에 의해 영향을 받고, 개인과 조직의 성과는 직무와 과업의 결과와 관련이 있음을 보여주고 있다. 〈그림 2-1〉은 이 모형에 대한 축약을 보여준다.

문화적 다양성 환경에서 개인 수준 요인으로는 개인의 정체성 구조(identity structure), 편견(prejudice), 고정관념(stereotyping), 성격(personality)으로, 그룹 간 수준 요인으로는 문화적 차이, 민족중심주의, 그룹 간 갈등으로, 그리고 기업 수준 요인으로는 조직문화와 동화과정, 구조적 통합, 비공식적 통합, 인적 자원의 제도적 차별로 보았다.

이 다양성 환경은 조직에서 두 가지 방법(정서적 결과, 업무 성취결과)으로 개인의 직장 경험 및 결과에 영향을 미친다. 정서적 결과는 종업원들이 자신의 업무와 고용주를 어떻게 느끼는지에 대한 내용이다. 그래서 많은 조직에서 종업원의 사기와 만족도는 성, 민족주의 등과 같은 정체성 그룹과 관련이 있다. 여기는 직무 만족, 직무 참여도, 조직에 대한 인식 등을 포함하고 있다. 두 번째 방법은 직장의 업무 성취결과로 성과 달성도, 보상, 승진 등에 의해 측정할 수 있다. 이러한 개인적인 업무결과는 노동의 질, 생산성, 참석률 및 이직률과 같은 개인 수준의 성과에 영향을 미친다. 영리를 추구하는 조직은 이러한 측정지표들이 시장 점유율, 수익률, 조직목표 달성도 등으로 전환된다. 비영리 조직에서 개인의 공헌도는 조직목표 달성 정도를 결정할 때 매우 중요하다. 또한 조직의 공식적 혹은 비공식적 구조에서 다양성 정도는 창조성, 문제해결 능력, 조직 내 의사소통 능력 같은 요인에 영향을 미친다.

2. 일반적 다양성 관리에 관한 연구

앞에서 언급한 바와 같이, 다양성 관리는 경쟁우위를 확보하는 데 기업을 지원하는 개념으로 이해해야 한다(Thomas, 1990). 윤리적인 고려나 법적인 환경과 같은 측면은 매우 중요할 수 있으나, 경제적인 동기가 많은 기업이 다양성 관리를 사용하는 주된 이유 중에 하나이다. 이러한 개념과 기업성과를 긍정적 관계로 고려하기 때문에, 다양성 관리와 기업성과 간 인과관계를 묵시적으로 가정하고 있다. 그러나 이런 관계에 대한 실증적 입증은 쉽게 발견할 수 없다.

문헌 검토를 기반으로, Dietz와 Petersen(2006)도 기업 수준에서 다양성 관리의 경제적 성공에 대한 사실을 입증하는 연구는 매우 희박함을 밝힌 바 있다. 일부 연구가 실증적 자료와 통계분석을 사용하여 이 관계를 강조하고는 있지만(Williams and O'Reilly, 1998; Jayne and Dipboye, 2004), 경제적 성과에 대해서는 여전히 실증적 입증을 간과하고 있다. 게다가 다양성 관리와 성과 간 관계와 관련하여 서로 다른 결과들이 발견되고 있다. Richard(2000)와 같은 일부 학자들은 선형 관계를 제시하고 있는 반면, 다른 학자들은 U자형 관계를 보이고 있다(Richard 등, 2004). 요약하면, 긍정적 영향에 대한 전반적인 실증적 입증은 여전히 찾아보기 어렵다는 것이다.

그럼에도 불구하고, 다양성 관리에 우호적인 학자들은 다양성 관리에 대한 경제적 성과에 동의한다. 이런 연구자들 중에서 Cox와 Blake (1991)는 다양성 관리가 경쟁우위를 획득하는 데 기업을 어떻게 지원할 수 있는지에 대한 6가지 기본적인 요인들을 개발하였다. 이러한 요인들은 비용, 인적 자원, 성공적인 마케팅, 창조와 혁신, 문제해결 능력과 조직의 유연성이다. 이 모든 요인들은 사업성과의 하위요인을 갖고 종국적으로는 기업 수준에서 경제적 영향으로 귀결된다. 그러나 이러한 요인들이 얼핏 보기에는 논리적인 것처럼 보이지만, 실증적 입증은 여전히 빈약하다(Acosta, 2004).

성과변수를 설명하는 것은 조직 연구에서 지속되는 주제들 중의 하나(March and Sutton, 1997)이지만, 성공요인에 대한 연구는 인적 자원 관리분야에서 지난 몇 년 사이에 인기 있는 주제가 되어 왔다 (Paauwe and Farndale, 2005; Wright and Haggerty, 2005). 이러한 연구들은 기업성과를 종속변수로 놓고 기업성과에 변동을 일으키는 변수들을 규명하려는 연구이다(March and Sutton, 1997). 이런 연구와 같은 선상에서, 다양한 변수들로 측정하는 다양성 관리와 기업성과와 같은 관리 개념들의 비교는 공동의 접근법으로 여겨지지만, 다양성 관리의 경우에 기업성과와의 연계는 관리 개념의 본질로 인해 어려운 주제이다. 특히 다양성 경영의 측정하기 어려운 많은 영향들이 주된 문제이다(Köhler-Braun, 1999). 게다가 그 영향이 계량화된다면, 다른 많은 요인들이 기업성과에 영향을 미치기 때문에 그 영향을 효과적 다양성 관리만으로 돌릴 수 없다. 다양성 관리와 성과를 연관시킬 때 또 다른 문제는 효과적 다양성 관리의 결과는 장기적 속성을 가질 수 있다는 것이다. 예를 들면 동일 시기 혹은 다음 시기 내 주식 가격과 같은 고전적 성과지표는 현재 다양성 관리의 긍정적 결과를 보여주지 않을 수 있다(Wright 등, 1995; Centre for Strategy and Evaluation Services, 2003; Lockwood, 2005). 다시 말하면, 이의 실증 연구는 성과에 대한 다양성 관리의 영향을 체계적으로 입증하지 못하고 있다(Robinson and Dechant, 1997). 그러므로 앞에서 언급한 실증 연구는 다양성 관리와 기업성과 간 근본적인 일종의 인과관계를 강조하지 않고 있다(Wright 등, 1995; Hartenian and Gudmundson, 2000; Richard, 2000). 하지만 전통적으로 성공요인 연구는 근본을 설명하기보다는 성공요인을 기술하는 데 초점을 두고 있다. 즉, 다양성 관리와 기업성과와의 비교는 인과관계를 밝히기보다는 통계적 상관관계를 밝히고 있다. 하지만 Wright와 Haggerty(2005)는 성공요인 연구의 인과관계 유형의 결여를 지적하고, 조절변수(moderating variables)를 도입하여 개인 수준과 그룹 수준을 고려할 것을 제안하였다. 다시 말해 이들은 인적 자원관리와 경제적 성과 간의 다수준 접근 이론을 제시하였다고 볼 수 있다. 따라서 본 연구는 문화교류역량(intercultural competence)의 역할을 분석하여 다수준 접근법을 사용하여 다양성 관리와 기업성과 간의 인과관계를 밝히는 데 목적을 두고 있다. 다문화 관리가 성과에 어떻게 영향을 미치고 있는지에 대한 이해를 증진시키기 위해, Wright와 Haggerty(2005)의 다수준 접근법에 대해 알아본다.

이 다수준 접근 이론은 분석의 여러 수준들에 따라 성과요인을 설명하는 데 목적을 두고 있다. 이들 연구에 따르면 다문화 관리와 기업성과 간 관계를 분석하는 향후 접근법은 개인이 조직 활동의 중심이기 때문에 개인 수준에 중점을 두어야 한다고 말하고 있다. 서로 다른 조직 수준에서 성과요인을 언급한다는 것은 또한 역방향의 원인 문제를 관리하는 데 도움을 줄 수 있다. 성공요인 연구에서 다수준 접근법은 인과 모형을 피할 수 있는 좀 더 차별화된 분석 대안이다. 본 연구는 최근의 다수준 분석 접근법과 성공요인 연구의 결과를 기반으로, 개인, 그룹, 기업 수준의 문화교류역량의 조절 역할을 분석하여 다양성 관리와 기업성과 간의 인과관계 유형을 설명하는 개념적 모형을 개발하는 데 그 목적을 두고 있다. 효과적인 다양성 관리로 인해 개인 수준에서 증가된 문화교류역량의 효과는 또 다른 수준(그룹이나 조직 수준)에 영향을 미치고 있다.

- 개인 수준(individual level): 개인 수준은 다양성 훈련과 관련이 있다(Cox, 1991; Gieselmann and Krell, 2004).
- 그룹 수준(group level): 다문화 팀에서 그룹 구성원들은 서로 다른 문화적 배경을 가지고 특정 환경 아래에서 특정 과업을 함께 수행하는 것과 관련이 있다(Adler, 2002).
- 조직 수준(organizational level): 기업들은 미션 기술서나 기업문화 혹은 전략에 대한 다양성 관리나 다양한 문화적 공감과 관련이 있다(Kelly and Dobbin, 1998).

다양성 관리의 문화교류 척도는 문화교류역량의 발달에 어떻게 영향을 미치는가? 또 널리 발달한 문화교류역량은 개인, 그룹, 기업 수준의 성과에 어떻게 영향을 미치는가? 〈그림 2-2〉는 이 문제에 대한

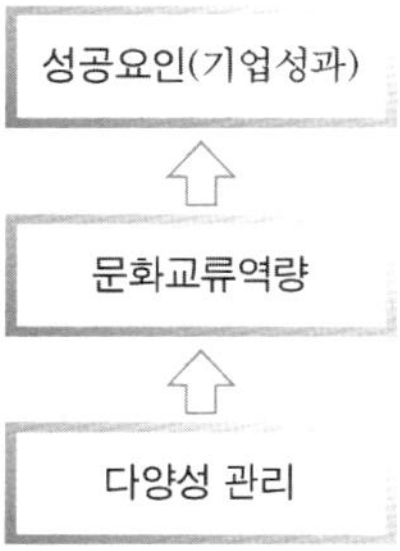

〈그림 2-2〉 다양성 관리와 성과 간의 관계에 대한 기본적인 틀

기본적인 틀을 제공해 주고 있다.

3. 다양성 관리와 문화교류역량에 관한 연구

문화교류역량[1)]에 대한 개념은 외국문화에 대한 효과적이고 적절한 행위를 나타낸다(Collier, 1988; Chen and Starosta, 1996; Müller and Gelbrich, 2001). 공감, 개방, 유연성, 인내와 같은 개념들이 좀 더 자세히 문화교류역량을 묘사하기 위해서 종종 사용되고 있다(Gertsen, 1990). 이것들은 문화교류역량의 세 가지 요소인 정서(affective), 인지(cognitive), 행동(behavioral)으로 축약될 수 있다(Graf, 2004). 이러한 구분은 문화교류역량이 일정한 속성이라기보다는 변할 수 있는 속성과 사고라고 보는 개념에 따른다. 변할 수 있는 속성으로서의 문화교류역량의 개념은 다양성 관리와 기업성과와의 관계의 한 부분을 설명

1) 문화교류역량은 문화 간 역량과 동일 의미로 혼용하여 사용함.

해 주는 조절변수의 역할을 한다. 이 사고 개념은 Herbrand(2000), Müller와 Gelbrich(2001)의 사고 이론(attitude theory)에 기반을 두고 있다. 일반적으로 이 이론의 근간은 사고의 3요소 모형이다(Eagly & Chaiken, 1993). Eagly와 Chaiken은 사고를 찬반의 정도로 특정 객체의 평가에 의해 나타나는 심리학적인 성향으로 정의하고 있다. 따라서 이 사고는 정서적 · 인지적 · 의욕적인 반응에 의해 접근 가능하다(Stahlberg and Frey, 1996; Bolten, 2005). 다문화 교류역량에 대해서, 이것은 사람이 다른 문화권에서 세 가지 모든 수준으로 사람의 미지의 행동 유형에 반응을 보이는 것을 의미한다. 문화교류역량에 대한 세 차원의 개념에 대한 한 예는 Chen과 Starosta(1996)의 개념이다.

우선 정서적 차원은 문화교류의 민감성으로, 문화교류 상호작용 전, 동안, 그리고 후의 긍정적 감정 반응을 투영하거나 수용할 수 있는 능력을 포함한다. 이것은 문화적 차이 인정이나 존경으로 나타난다(Chen and Starosta, 1996). Gudykunst 등(1977)은 이 정서적 척도를 사람 간 상황에서 중심적이고 중요한 요인으로 간주하고 있다. 이들은 사람은 문화교류 상호작용에서 제3의 문화적 관점, 즉 자신의 나라의 문화나 해외의 문화와는 관련이 없는 심리학적 관점을 소유하고 있다는 가정을 하고 있다(Gudykunst 등, 1977). 문화 간 차이, 애매성이나 좌절에 대한 인내, 공감, 개방, 그리고 자기민족주의에 대한 민감성 같은 요인들은 정서적 차원을 묘사하는 데 사용된다(Martin, 2001; Müller and Gelbrich, 2001).

인지적 차원은 문화 간 인식으로 간주하고, 자신의 문화와 다른 사람의 문화에 대한 개선된 이해를 통해 환경에 대한 사고의 변화를 강조한다(Chen and Starosta, 1996). 이는 해외문화에 대한 지식(Collier, 1988)과 행동 원인에 대한 이해(Triandis, 1977)를 포함한다. 높은 자기인식

(self-awareness) 정도는 유능한 문화 간 의사소통과 해외문화 적응을 용이하게 해 준다. 문화인식(cultural-awareness)은 해외문화가 생각과 행동에 영향을 미치는 방법과 정도에 대한 자각을 반영한다(Chen & Starosta, 1996). 내성(Introspection), 인지적 복잡성, 의사소통 기교는 인지적 차원의 또 다른 요인이다(Martin, 2001; Müller and Gelbrich, 2001; Bolten, 2005).

문화 간 민첩으로 인식되고 있는 행위적(conative or behavioral) 척도는 문화 간 상호작용에서 행동의 효과를 강조한다(Chen and Starosta, 1996). 이 척도에서 중요한 요소들은 외국어 능력, 자기표출(self-revelation) 능력, 스트레스 저항력, 유연한 행동 능력, 높은 정도의 상호작용 관리 능력 등이다(Martin, 2001; Müller and Gelbrich, 2001). Bolten (2005)은 이 요소에 의지(will)와 소통 능력, 그리고 문화 간 관계 발달에 중요한 것으로 사회적 역량 정도를 부가하고 있다.

문화 간 역량의 세 척도로의 분류는 좀 더 차별화되고 진일보된 발전 모형이다. 따라서 높은 문화 간 역량은 행위로 나타나야 하고, 행위는 항상 상황적 변수와 개인적 성향으로 보일 수 있어야 한다. 〈그림 2-3〉은 다양성 관리와 문화 간 역량의 관계를 보여주고 있다.

4. 문화 이질성의 이점을 최대화하는 다양성 관리 연구

〈그림 2-3〉은 앞으로 설명하게 될 다양성 관리의 척도와 문화 간·역량 간 관계를 보여주고 있다. 다양성 훈련과 문화적으로 다양한 그룹 구조는 효과적 다양성 관리의 척도가 될 수 있다. Zülch(2004)

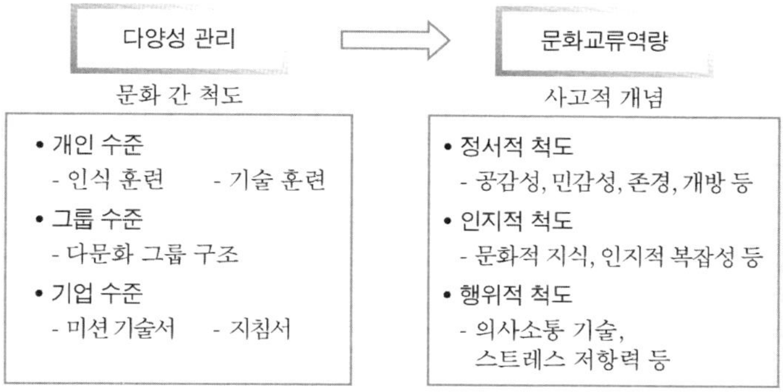

〈그림 2-3〉 다양성 관리와 문화 간 역량과의 관계

에 의하면, 다양성 관리에서 훈련은 가장 중요한 요소이다. Thomas 등(2003)은 문화 간 훈련을 해외문화적 환경과 해외문화권의 구성원들과의 상호작용에서 효과적으로 조정하고, 의사결정을 내리고, 행동할 수 있는 척도들로 정의하고 있다. 훈련은 보통 개인적 수준에 영향을 미치고, 이런 훈련은 문화 동화 훈련, 역할연기, 개인교습 등을 포함한다(Zülch, 2004). Black과 Mendenhall(1990)은 문화 간 훈련의 효과성 연구를 통해, 훈련은 문화 간 기술 개발, 해외문화에의 적응, 업무 성과 향상을 가져올 수 있음을 지적하고 있다.

Cox & Blake(1991)는 다양성 관리에 대한 연구에서 지각 훈련과 기술구축 훈련을 구별하고 있다. Thomas 등(2003)에 따르면, 지각 훈련은 문화적 유사성과 차이에 대해 민감하게 반응하여, 문화교류역량의 정서적 수준과 인지적 수준에 영향을 미친다. 이와 같은 훈련은 공감, 존경, 민감성과 같은 능력을 계발시킬 수 있고, 다문화 환경에서 불확실성과 애매성에 대응할 수 있게 해 준다.

기술구축 훈련은 주로 문화교류역량의 인지 및 행위적 척도에 영향을 미친다. 이 훈련은 해외문화에 대한 지식, 문화가 행동에 영향을 미치는 방법, 다문화 환경에서 효과적으로 행동하는 능력을 길러 준다(Thomas 등, 2003; Zülch, 2004). Jentsch 등(2004)은 해외문화권 구성원들과의 교류는 개인의 태도를 변화시킬 수 있기 때문에, 핵심적인 다양성 관리의 한 예인 다문화 그룹 구조는 문화 간 역량을 향상시킬 수 있음을 제시하고 있다. 이 다문화 그룹 구조는 더 많은 대안과 더 나은 질에 동조하는 더 높은 인지적 복잡성을 창출해 준다. Barsade(2002)는 문화 간 역량의 정서적 수준에서, 다문화 그룹 환경은 감정의 확산(예를 들면 존경과 공감과 같은 측면)에 의해 그룹의 협력과 성과를 향상시킬 수 있음을 보이고 있다. 타 문화의 경험과 행동 유형의 한계는 미지의 문화에 대한 적절한 대응을 보이고, 결국에는 문화 간 역량의 높은 수준으로 나타난다. 이러한 학습과정은 문화적으로 다양한 팀의 효과성에 대한 하나의 가능한 설명이 될 수 있다.

문화적 이질성 정도와 팀의 기능이 핵심적 역할을 하고 있다. Adler(2002)는 한 구성원만이 타 문화권에서 온 형식적인 팀, 구성원이 다른 두 문화권에 속해 있는 두 문화권 팀, 그리고 셋 이상의 민족적 배경을 갖는 다문화 팀 간 구별을 하고 있다. Thomas(2000)는 너무 많은 이질성은 그룹을 세분화할 수 있음을 지적했고, Rohn(2005)은 그룹 다양성의 서로 다른 수준과 세 조직 수준 모두에 대한 다른 조절효과는 중요한 역할을 하고 있음을 실증적으로 입증하였다.

BASF AG(2001)의 역량 모형에 의하면, 기업 수준에 대한 효과적 측정지표들은 특정 미션 기술서의 개발과 특별한 가치와 역량을 포함하는 지침서 같은 기업문화를 발달시키는 데 목적을 둔 추진 계획을 포함한다. 이런 지표를 사용하는 조직은 조직의 선호와 우선순위를 공유할 수 있다. 다양성 관리에서 문화 다양성은 긍정적인 가치와 연결되어 있어, 미션 기술서와 지침서의 성공적인 실행은 보다 높은 수준의 문화 간 역량을 가져올 수 있다. Weinert(2004)는 이러한 것은 사고방식 변화의 결과일 수도 있고, 혹은 다른 조직 구성원들의 행동 유형 따라 하기의 결과일 수도 있다고 지적하고 있다.

그러므로 효과적인 다양성 관리의 측정지표들을 규정하는 것은 문화 간 역량을 개선하는 것과 유사하여 문화 간 역량 발달에 영향을 미친다. 특히 개인 수준에서의 영향은 문화 간 역량이 개인적 개념이기 때문에 명확하게 나타난다.

5. 문화교류역량과 기업성과 간 관계

〈그림 2-4〉는 기업성과에 대한 문화 간 역량의 효과를 보여주고 있다. 다수준 접근법에 의해, 세 수준에서 성공요인들을 고려하고 있다.

앞에서 언급했듯이 문화 간 역량은 주로 개인 수준의 성과지표에 영향을 미치고 있다. 이 개인 수준은 해외문화에서 행위의 적절성과

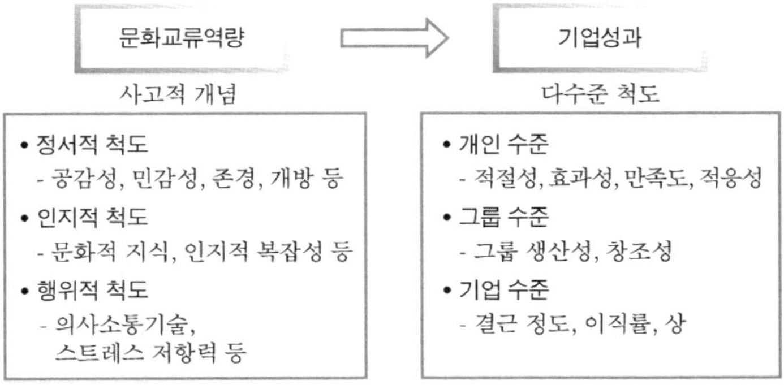

〈그림 2-4〉 문화교류역량과 기업성과 간 관계

효과성(Collier, 1988; Chen and Starosta, 1996; Müller and Gelbrich, 2001), 그리고 만족도와 적응성에 의해 측정될 수 있다(Müller and Gelbrich, 2001). 개인 수준에서 이러한 효과는 〈그림 2-4〉에서 보는 바와 같이 그룹이나 기업 수준에서 효과적 다양성 관리의 경제적 성과를 설명하는 데 도움을 줄 수 있다. 인지적 척도에서 높아진 문화 간 역량은 높은 지식과 능력을 포함하고 있기 때문에, 이것은 한층 더 높은 그룹 생산성으로 나타날 수 있다. Moosmueller(1997)는 문화적 시너지 및 다문화 팀의 중요한 성공요인으로 문화적으로 서로 다른 상호작용 유형을 수용하고 대처하는 그룹 구성원들의 능력(그룹 구성원들의 문화 간 역량)으로 정의하고 있다. 따라서 문화 간 역량의 세 척도들은 그룹 수준의 성과에도 간접적으로 영향을 미치고 있다고 볼 수 있다. Wrigh와 Haggerty(2005)에 따르면, 조직의 성과는 기업의 일반적인 산출물을 만들어내는 많은 개인의 산출물로 이루어지기 때문에 높은 수준의 문화 간 역량의 개인적 결과와 기업 수준의 영향 간 간접적인 관계는 당연히 존재할 수 있다고 보고 있다. Wright와 Haggerty는 개인 수준에서 향상된 문화 간 역량과 개인, 그룹, 기업 수준에서 다양성 관리의 효과 간 관계를 명확하게 하고 있다.

- 적절성(appropriateness): 자기 자신의 행위에 대한 적절성은 특정 환경하에서 적절한 속성과 충돌 회피와 같은 반응을 나타내어 그룹의 성과를 향상시킬 수 있다. 기업 수준에서 문화 간 역량 있는 종업원들이 해외문화의 사업 파트너들의 필요와 요구를 보다 잘 지킬 수 있기 때문에, 상호작용 파트너들을 이해하는 것은 더 나은 마케팅과 매출을 낳을 수 있다. 증가한 매출과 회전율(turnover)은 결과의 한 부분이 될 수 있다.

- 효과성(effectiveness): 개인의 효과성은 두 요소(생산성과 응집성)의 상호작용으로 인해 그룹 수준에 영향을 미친다(Oetzel, 2000). 이것은 그룹 수준에서 시너지와 개인성과를 촉진시킬 수 있다. 결과적으로, 그룹의 창조성과 혁신성의 증가와 더 나은 문제해결 능력을 기대할 수 있다(Cox, 1993).
- 만족도(satisfaction): 개인 수준에서의 만족도는 기업의 비용우위를 가져올 수 있다. 왜냐하면 높은 과업 만족도는 결근과 이직의 감소로 이어질 수 있기 때문이다(Weinert, 1998).
- 적응성(adjustment): 문화적으로 미지의 환경과 상호작용의 높은 적응성은 개인의 유연성 증가와 관련이 있다. 또한 유연한 종업원들은 기업의 높은 유연성을 낳는다. 이는 개개인이 환경을 수용하고자 하는 능력과 의지를 가지기 때문에 가능하다. 그러므로 유연한 종업원을 가진 기업은 환경 변화에 좀 더 유연한 방법으로 대처할 수 있다.

6. 기업성과 영향 측정에 대한 연구방향

기업성과 측정에 대한 연구는 서로 다른 수준에서 다양성 관리의 성공을 측정하는 지표들을 밝히는 데 있다. 예를 들면, 개인 수준에서, 효과성은 팀워크 역량의 평가를 통해 성과를 측정할 수 있고, 직무 만족도는 만족도 조사를 통해 측정할 수 있다. 일반적으로 생산성은 잠재적 생산성에서 프로세스 손실을 제외하여 구할 수 있지만(Stumpf, 2005), 주요 과업에 따라 그룹 생산성은 생산지표를 기반으로 측정하거나 생성한 아이디어나 품질의 수로 측정한다(Adler, 2002). 이직률이나 결근율은 기업 그룹 부서 수준으로 해석될 수 있고, 혁신력은 연간 특허의 수에 의해 평가할 수 있다.

세 조직 수준 – 개인, 그룹, 기업 수준 – 에서 다수준 접근법에 의해 다음 장에서 설명하게 될 위계적 선형 모형을 사용하여 변수들을 분석하는 것은 다양성 관리의 직·간접적 효과에 대한 중요한 정보를 제공해 줄 수 있다.

III. 다문화에 대한 정의

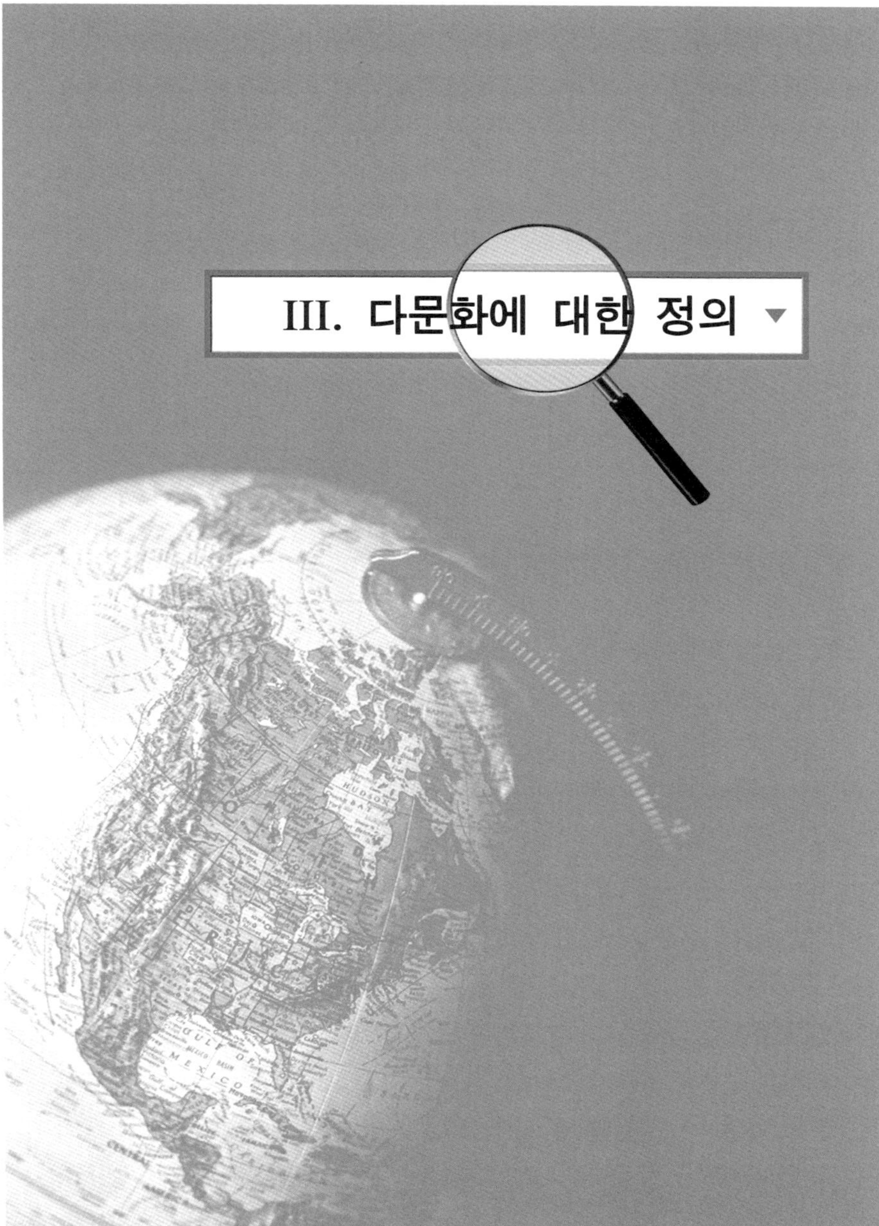

III. 다문화에 대한 정의

1. 다문화 개요

문화는 한 특정집단 안에서 형성된 상징들에 의해 학습되고 전해지는 인간 행위의 총체적 형식이다(Conde-Frazier, Kang and Parret, 2004). 이 문화의 정의를 사용한다면 '다문화'란 2개 이상의 문화가 한 사회 안에 공존하고 있는 상태라고 볼 수 있으며, 그 다문화사회는 각 문화집단이 가지고 있는 문화적 특수성과 유사성을 동시에 경험하고 있는 사회라고 할 수 있을 것이다. 그러나 다양한 문화와 인종적 배경을 지닌 사람들이 한 사회나 국가에 공존하면서 여러 가지 현상이나 문제를 해결하기 위해서 출현한 다문화주의라는 용어는 정의하기 어렵다(이귀우, 1999; 구견서, 2003). 그러나 다문화주의는 다양한 문화와 사회에 속한 개인·집단·국가가 평등, 상호 존중, 공존할 수 있다고 믿는 보편적 가치라고 정의하기도 한다(김형인, 2006). 원래 다문화주의는 다인종 또는 다민족 국가를 형성해온 북미를 중심으로 한 서구 국가들이 다인종, 다언어, 다종교 등의 다문화사회로 발전되어가는 과정에 따른 사회적·정치적·경제적 갈등을 해소하려는 목적에서 비롯되었다(구견서, 2003). 한국 사회의 다문화사회에 대한 경험은 지속적으로 존재해 왔으나 1990년대를 전후로 동북아·동남아로부터 이주해 온 경제 노동인구의 국내 증가가 뚜렷하게 나타나면서 다문화사회에 대한 여러 가지 논의가 각 계층에서 다양하게 진행되기 시작했고 앞으로도 계속될 것이다. 따라서 한국 사회에서 다문화주의 혹은 다문화현상을 이해하고자 할 때 상호 존중과 공존이라는 보편적 가치와 함께 다양한 인종과 문화가 공존하는 복합적인 현상을 설명하려는 해석학적 자세가 필요할 것이다.

다문화주의의 목적은 다문화의 보장, 주류사회와 비주류사회 간의 상호 이해 촉진, 소수 민족 집단 간의 교류, 사회평등 보장, 구조적 불평과 차별 극복, 사회통합 등의 다양한 목적을 갖고 실천되고 있다. 특히 다문화주의는 기회평등과 결과평등을 통해 소수 민족 공동체와 다수 민족 공동체의 고립화를 막고 사회적 소외를 방지하기 위한 이론으로 타당하다 할 것이다. 그러나 다문화주의의 목적은 국가 수준, 사회 공동체 수준, 개인 수준 등에서 광범위한 이해와 합의를 통해서 적절한 정책으로 구체화되어야 실현될 수 있다(구견서, 2003).

다문화주의를 통해 소수 민족, 인종, 문화에 대한 관심을 부각시킨 긍정적인 면은 있다. 또한 다문화사회로 진입하기 위해서는 바로 국가, 사회공동체, 개인의 이해와 합의가 우선되어야 할 것이다(이용승, 2004). 다문화주의에 대한 논의는 세계화의 양면성을 인식하는 일로부터 시작해서 실질적인 공존과 연대의 가능성을 모색하는 일이다. 다문화주의가 획일적인 보편주의나 절대주의에 대한 비판이라면 다문화주의의 또 다른 경계대상은 절대적 상대주의이다. 문화적 다원주의가 상대주의에서 벗어나는 길은 '나(우리)는 누구인가?'라는 질문과 '나(우리)의 타자는 누구인가?'라는 질문을 동시에 하는 것이다. 더욱

더 직접적인 의미로는 '타자에 대한 인정', 즉 주체는 객체에 적극적으로 참여하고 있고, 객체도 주체의 개입을 본질적으로 요청하는 자기 확장과 상호 교섭의 장이 바로 삶이라는 것을 인정하는 것이다(김은중, 2005).

한 국가나 사회의 구성원이 갖고 있는 정체성은 고정되거나 보편적이지 않고 상황과 장소에 따라 변화하고 변형된다는 점을 인식하는 것은 다문화주의를 이해하는 데 매우 중요하다. 다문화주의 혹은 다문화사회와 연관해서 정체성 주제에 주목하는 것은 다양한 인종, 문화, 피부색, 종교를 지닌 사람들이 함께 공존하고 거주하는 것이 결국 새로운 정체성의 형성과 밀접하게 연관되기 때문이다. 한국 사회가 다문화사회로 진입하고 있는 시점에서 다문화주의 혹은 다문화사회에 대한 개념을 논의하고 정체성 주제에 대해서 살펴보는 것은 한국 사회의 구성원과 거주하는 이주민 사이의 상호 연관성을 고찰하는 매우 중요한 사안인 것이다.

2. 다문화 현황

전 세계적으로, 세계화에 따른 사회의 다양성 증가가 일어나고 있고, 우리나라도 외국인의 증가가 사회 각 분야에서 일어나 다문화사회로 진행되고 있다. 통계청 자료에 의하면, 우리나라의 등록 외국인 수는 1997년 20만 명에서 2007년 기준 약 76만 명에 달하고 있다. 이것은 전체 인구 중 외국인의 구성비는 1.55%로 이 비율은 꾸준히 증가될 것으로 예측된다. 또한 출입국・외국인정책본부(2008년)에 따르면 1996년에 386,972명에 불과하던 이민자의 수가 2007년에는 1,066,291명으로 전체 인구의 2% 수준까지 급증하고 있는 추세이다. 이민자의 구성비는 중국, 미국, 베트남, 필리핀, 태국, 일본 등의 순으로 아시아 지역에서 유입되는 이민자의 비율이 높음을 알 수 있다. 우리나라에서는 국제결혼의 증가로 다문화 가정이 늘어남에 따라 이민자도 같이 증가하고 있어 국가 구성의 다양성도 더욱 높아가고 있다. 출입국·외국인정책본부(2008년)에 의하면, 2001년에 25,182명이었던 국제결혼자 수가 2007년에는 110,362명으로 무려 4.5배가 증가했으며, 한국 사회의 다문화 가정이 빠른 속도로 증가하고 있음을 보여준다. 국적별로 보면, 중국이 과반수 이상을 차지하고 있으며, 베트남, 일본, 필리핀, 몽골 등의 순으로 나타났다.

3. 다문화 측정지표

다문화에 대한 측정지표는 주로 다양성에 대한 선행 연구들로 사회 구성원의 이질성 정도를 측정해 왔다. 구성원의 이질성은 다양하게 정의될 뿐 아니라 그 정도를 측정하는 데는 많은 제약이 존재한다. 최근에는 민족·문화·언어·종교 등의 다양한 측면에서 구성원의 이질성을 분할지수(FI, Fractionalization Index)와 극화지수(PI, Polarization Index)의 형태로 측정하고 있다(조호현, 2010). 여기서 '분할지수'란 항목별로 분할된 그룹에서 두 사람을 무작위로 선택하였을 때, 그들이 동일한 그룹에 속하지 않을 확률을 의미한다. 그리고 '극화지수'란 그룹 간 갈등의 정도를 확률 값으로 나타낸 것으로 분할지수와 극화

지수 모두 1에 가까울수록 구성원 내의 이질성이 크다고 볼 수 있다(Alesina 등, 1999; Collier 등, 2001; Fearon, 2003; Montalvo and Reynal-Querol, 2005).

분할지수에 대해 최초로 사용된 개념은 1960년 구소련의 Atlas Naodov Mira에 의해 작성된 자료를 바탕으로 Tayor와 Hudson(1985)의 연구에서 고안된 '인종 언어적 분할지수(ELF, index of ethnolinguistic fractionalization)'이다. 이는 Mauro(1995), Easterly와 Levine(1997), Collier 등(2001)의 연구 등에서 광범위하게 사용되었다. Fearon(2003)의 연구에서는 ELF의 개념을 바탕으로 인종 언어적 집단 대신 문화적 특성을 기준으로 집단을 나눈 '문화적 분할지수(index of cultural fractionalization)'를 이용하였다. 그러나 이러한 분할지수의 여러 가지 유형은 각 사회의 분할 정도를 있는 그대로 반영하지 못한다는 단점이 있다. Posner(2004)는 이와 같은 단점을 극복하고자 국가정책에 영향을 미치는 민족집단의 규모만을 이용한 분할지수(PREG, Index of Politically Relevant Ethnic Group)를 만들었다. 이것은 자신이 속한 집단의 이익을 위해 사회 전체의 비용까지 증가시키는 행태를 보이는 특수이익집단을 대상으로 한다. Posner(2004)는 PREG가 낮은 국가는 '자민족 중심적 지대 추구자(ethnic rent-extractor)'들의 다양성이 낮기 때문에 공공재 공급의 비용 낭비가 적어 국가의 경제성장률이 높은 반면, 높은 PREG의 국가는 이익집단 간의 경쟁이 심하게 나타난다고 보았다. PREG지수는 경제정책 결정자가 정책수요를 만족시키기 위해 고려해야 하는 사회 내 민족을 기반으로 한 이익집단의 분할 정도를 측정하는 수단이 될 수 있다.

다양성을 측정하는 또 다른 방법인 극화지수는 맨 처음 Esteban과 Ray(1994)에 의해 개발되었으며, 이를 이용하는 많은 연구들은 다양성과 사회적 긴장 및 갈등 간의 관계를 밀접하게 연관 짓고 있다(Montalvo and Reynal-Querol, 2005). 인종 혹은 종교적 다양성을 극화지수를 통해 측정할 경우 사용되는 대표적인 개념은 사회를 구성하는 집단들의 크기와 여러 매개변수들로 결정되는 이들 간의 거리이다. 그런데 집단 간 거리를 측정하는 것은 소득이나 재산을 기준으로 하여 파악할 수 있는 집단의 차이를 측정하는 것보다는 훨씬 어려운 일이다. 이에 대한 보완책으로 Montalvo와 Reynal-Querol(2002)은 기존의 극화지수에서 문제가 되는 집단 간 거리가 처음부터 모두 같다고 가정하는 Reynal-Querol(1998)의 Q지수를 사용하였다. 이 해당지수는 집단의 크기만이 극화지수를 결정하는 요인이 된다.

그 외에도 Collier 등(2001)은 내전 기간 동안의 경제성장에 관한 연구에서 분할지수와 함께 '민족적 지배성 지수(index of ethnic dominance)'를 이용하였다. 이것은 지배적인 집단이 존재하는 사회와 소수의 여러 집단들로 구성된 사회 간의 차이를 보여준다. 여기서 Collier 등(2001)은 지배적 집단이 존재하는 다원적 사회가 그렇지 않은 사회보다 갈등의 위험이 약 두 배 정도 높다고 보았으나 실제로는 그와 반대의 경우가 많이 관찰됨으로써 본 지수는 실효성의 문제가 제시되었다(Bangura, 2006).

마지막으로 Mozaffar 등(2003)의 연구에서는 다양성이 아프리카의 정치적 상황에 작용하는 현황을 살펴보기 위해 '민족 정치적 집단 집중도(EPGC, index of ethnopolitical group concentration)'라는 개념을 다양성과 연관시켰다. 이것은 사회를 구성하는 각 집단 내 정치적 활동에 관여하는 인구가 포함되는 집중도의 총합을 말한다. 그러나 이 또한 정치적인 측면에만 초점을 맞춘다는 점에서 현실적 적용문제를 가진다고 할 수 있을 것이다.

IV. 문화교류역량

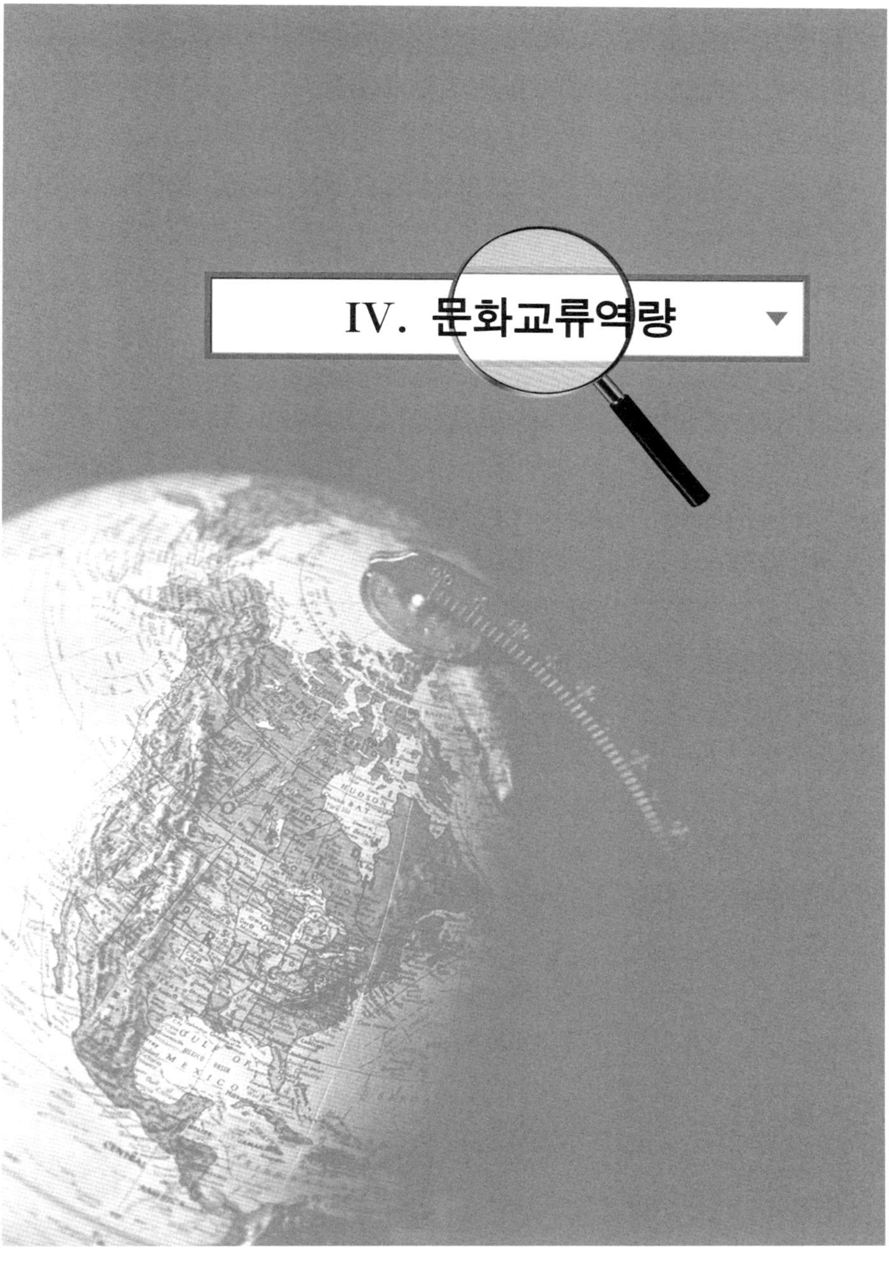

IV. 문화교류역량

1. 문화교류역량 정의[1)]

국내외적으로 문화 간 접촉이 증가하면서 서로의 문화에 대한 이해의 부족으로 인한 갈등 역시 증가하고 있으며, 이러한 상황에서 이문화와 상호작용하기 위한 준비가 되어 있지 않으면 문화 간 접촉의 맥락에서 목표로 하였던 많은 일들이 실패로 귀결될 가능성이 많다. 이와 같은 맥락에서 많은 학자들 및 실무자들은 글로벌 기업의 실패의 핵심요인으로서 Gertsen(1990)이 언급한 문화 간 역량의 부족을 제시하고 있다. Gertsen(1990)은 문화 간 역량(intercultural competence)을 다른 문화의 사람들과 만난 상황에서 효과적으로 의사소통하고, 다양한 문화적 맥락에서 효과적으로 행동할 수 있는 능력이라 정의하였다. 이러한 문화 간 역량은 문화가 다른 사람들이 서로 잘 소통하고 상호작용하기 위해 필요한 특성으로 다른 문화에서 효과적으로 기능하는 개인의 능력을 의미한다 할 것이다. 실제로 많은 연구결과에

1) 본 연구에서 문화교류역량은 다문화 의사소통 역량, 문화 간 역량과 동일한 의미로 사용하였음.

의하면, 글로벌 기업의 실패는 업무의 기술적인 측면에서의 능력보다는 자회사의 현지문화를 경영자들이 이해하지 못하고 해외 파트너들과 효과적으로 상호작용하지 못하는 것이 주요 요인으로 밝혀지고 있다(조호현, 2010).

Leiba-O'Sullivan(1999)은 정태적 및 동태적 문화 간 역량을 구분하면서 문화 간 역량을 '지식(knowledge)', '기능(skills)', '능력(abilities)', '개인 관심사 및 개성(personal interest and personality)'의 구성 개념으로 언급하고 있다. Adler와 Bartholomew(1992)에 따르면 국제적으로 유능한 경영자(globally competent manager)는 사업을 수행하기 위해 많은 외국문화, 관점, 취향, 경향, 기술 및 접근법에 관해 학습하여야 하고, 다양한 문화 배경을 갖는 사람들과 동시에 일하는데 능숙하여야 하며, 다른 문화에서 사는 데 적응할 수 있어야 하고, 외국 동료들과 동등하게 상호작용하는 방법을 알아야 한다고 하였다.

문화역량 관련 기존 연구들을 종합하면, 문화적 역량은 결국 다른 문화에서 효과적으로 기능하는 능력으로 정의되며, 전형적으로 개성, 특성 및 태도의 정서적 차원(affective dimension), 문화적 지식을 어떻게 습득하고 분류하는가의 인지적 차원(cognitive dimension), 효과적인 커뮤니케이션을 하는 행동적 차원(behavioral dimension)으로 구분할 수 있다(Johnson 등, 2006). 국제비즈니스에서 문화 간 역량은 보편적으로 인정되는 명확한 정의는 없지만 '효과적인 문화 간 상호작용(effective intercultural interaction)'이라는 공통적 개념으로 수렴된다.

문화 간 역량이라는 개념을 많이 사용하는 또 하나의 분야는 직장 다양성과 문화역량(workplace diversity and cultural competence)이다. 다양한 문화권을 배경으로 하는 사람들이 모여 사는 미국에서는 기업의 고용평등정책이 시행되면서 문화적 갈등문제에 직면하였다. 특히 보건, 의료 및 교육분야에서 소수자와 정부 기관과의 상호작용에 관하여 문화역량이라는 개념이 널리 사용되었다. 이에 관한 수많은 연구들은 직장에서의 소수자의 문제를 다루고 있으며, 성, 출신 민족, 종교, 연령 등으로 구분되는 현재의 문화적 하위그룹들과 관련된 직장에서의 노동력 다양성의 맥락에서 문화역량(cultural competence)을 정의하고 있다. 가장 많이 언급되고 있는 Cross 등(1989)의 연구에 따르면 문화역량은 하나의 시스템, 기관 내에서 또는 전문가들 간 일치가 되는 조화된 행동, 태도 및 정책의 집합이며, 이는 그러한 시스템, 기관 또는 전문가들이 문화 간 상황에서 효과적으로 일을 할 수 있도록 한다. 이들은 발달과정을 통해 문화적으로 유능하게 되며, 실무자들의 문화역량의 단계를 높일 수 있는 요인으로 개인적 특성(personal attributes), 지식(knowledge) 및 기능(skills)의 세 가지 요인들을 주장한다.

이러한 직장 다양성에서의 문화역량의 개념화는 매우 구체적이어서 국제비즈니스 관점에 바로 적용하기에는 무리가 따르지만, 문화역량을 제고하는 것은 계속적인 학습과 강력한 제도적 뒷받침이 필요한 지속적 과정으로 인식된다. 이러한 문화역량의 집합에는 문화 간 역량의 구성요소인 지식, 기능, 속성 및 개인 태도 등이 포함되므로 다문화사회의 기업 경영에서 문화 간 역량의 정의 및 관리에 많은 시사점을 제공한다.

또한 문화 간 커뮤니케이션에서의 역량에 관한 기존 연구들은 다른 문화를 가진 개인들 간에 발생하는 커뮤니케이션 과정에서 적합하고 효과적인 해법을 제시하고 있다. 따라서 이 분야에서의 역량은 다른 문화를 가진 개인들 간 상호작용에 효과적이고 적절하다는 것을 의미하며(Johnson 등, 2006), 다문화사회에서의 문화 간 역량의 행동적 측면을 구체적으로 제시할 수 있다는 점에서 주목을 받는다.

다문화사회에서의 문화 간 역량에 관한 연구들은 다양한 지식, 기능, 능력 및 태도의 소유와 이들을 문화 간 환경에 사용하고 적용하는 능력 간의 차이, 즉 '아는 것(knowing)'과 '행하는 것(doing)'의 차이에 대해서 소홀히 다루고 있다. 반면 직장에서의 다양성 관리와 문화 간 커뮤니케이션 분야의 연구들은 행위적 결과에 초점을 맞추고 있어 문화 간 역량 연구에 보완적인 공헌을 하고 있다(Johnson 등, 2006).

Johnson 등(2006)은 기존의 다문화사회에서의 문화 간 역량 연구의 결과에 더하여 문화 간 역량의 구성요소인 필요한 정도의 지식, 기능, 능력 및 태도를 갖추는 것으로는 충분하지 않고, 이를 어렵고 도전적인 상황에서 적용할 수 있어야 한다고 주장한다. 이들은 단순한 문화적 역량의 구성요소를 파악하는 데 그치지 않고 문화적 환경 내에서 제도적 자민족중심주의(institutional ethnocentrism) 및 문화적 거리(cultural distance)라는 두 가지 개념을 문화적 역량 제고에 관한 장애요인 성격의 조정변수들로 제안하고 있다.

2. 문화교류역량 측정지표[1)]

Graf와 Mertsacker(2009)는 인적 자원 관리에서 문화 간 역량 관리를 위한 프로그램 구성에 앞서 사전에 문화 간 강·약점을 포함한 훈련참여자들의 능력을 평가할 필요성을 주장하였다. 즉, 참여자가

1) "문화교류역량 측정지표"는 조호현(2010)의 문헌을 요약·정리함.

〈표 4-1〉 문화 간 훈련의 내용 및 척도

척도	측정대상	인지적	정서적	행동적
ICSI	문화 간 감수성		○	
	개방성		○	○
	유연성			○
FLCS	외국어 역량	○		○
NVCCS	비언어적 커뮤니케이션 역량	○	○	○
ISAS	문화 간 자기인식	○		
TIHK	관점 변화 능력	○		○
SIB	자기 확신			○

자료원; Graf and Mertesacker(2009), 조호현(2010).

인지적 측면에서의 문화 간 역량이 부족하다면 지식과 인지 중심의 인지적 훈련 모듈을 제시하는 것이 효과적이며, 반대로 행동적 수준에서 부족하다면 경험적 훈련 노력이 요구된다고 할 수 있다. 즉, 성공적인 문화 간 훈련을 위해서는 우선 훈련 니즈의 파악이 선행되어야 한다는 것이다.

이러한 관점에서 Graf와 Mertsacker(2009)는 다음과 같이 6가지 차원의 사전 평가 척도를 개발하였다.

ICSI(Intercultural Sensitivity Inventory) 척도는 문화 간 감수성(intercultural sensitivity), 개방성(open-mindedness) 및 유연성(flexibility)의 실제적 수준을 측정하는 것이다. 문화 간 감수성이 높은 사람은 문화적 차이에 민감하고 외국문화에 대한 경의의 표시로서 기꺼이 행동을 수정한다(Bhawuk와 Brislin, 1992). 이와 함께 외국문화 구성원에 대한 개방성(open-mindedness)과 상황의 요구에 따라 다른 행동에 관여하는 의지, 즉 유연성(flexibility) 역시 측정되어 ICSI 척도에 포함되었다(Graf and Mertesacker, 2009).

외국어 역량을 측정하기 위해 척도로서 FLCS(Foreign Language Competence Scale)는 외국어 지식, 기능 및 동기뿐 아니라 적절하고 효과적인 사용을 측정한다.

문화 간 맥락에서 효과적으로 또한 적절하게 의사소통하기 위해서는 비언어적 소통 능력을 가지는 것이 필수적이다. 비언어적 소통 능력 척도인 NVCCS(Nonverval Communication Competence Scale)는 외국인의 비언어적 행동을 인식하는 데 필요한 지식의 정도, 비언어적 행동을 나타내는 기술 및 이를 해석하고 표현하려는 동기 등을 측정하며, 비언어적 소통에서의 적절성과 효과성을 측정한다.

문화 간 자기인식 척도(ISAS; Intercultural Self-Awareness Scale)는 외국인과의 개인 간 관계를 구축 및 유지하기 위해 자신의 문화적 배경을 인식하는 정도를 평가한다. 한편 TIHK 척도는 다른 관점을 수용하는 능력과 관련되는 것으로 문화 간 역량의 전제로서 능력, 행동 또는 상황에 대해 적절히 설명할 수 있는 동형적 귀인(isomorphic attributions)에 필요한 것이다(Triandis, 1975). 마지막으로 확신성을 측정하는 척도인 SIB(Scale for Interpersonal Behaviors)는 외국인과의 의사소통과 관계 구축을 촉진하는 외향성(extraversion)에 해당되는 것이다.

성공적인 문화 간 상호작용을 위한 문화 간 훈련은 문화 간 역량을 제고하기 위한 인지적·정서적 및 행동적 프로그램 구성의 중요성 못지않게 파견 경영자들의 훈련 니즈를 파악하는 것 역시 매우 중요하다. 따라서 Graf와 Mertesacker(2009)가 제안한 훈련 참여자들의 문화 간 역량에 관한 사전적 평가를 통하여 훈련의 효과성을 높이기 위한 보다 고객 지향적 문화 간 훈련 프로그램의 구성이 요구된다.

V. 다문화 기업 경영

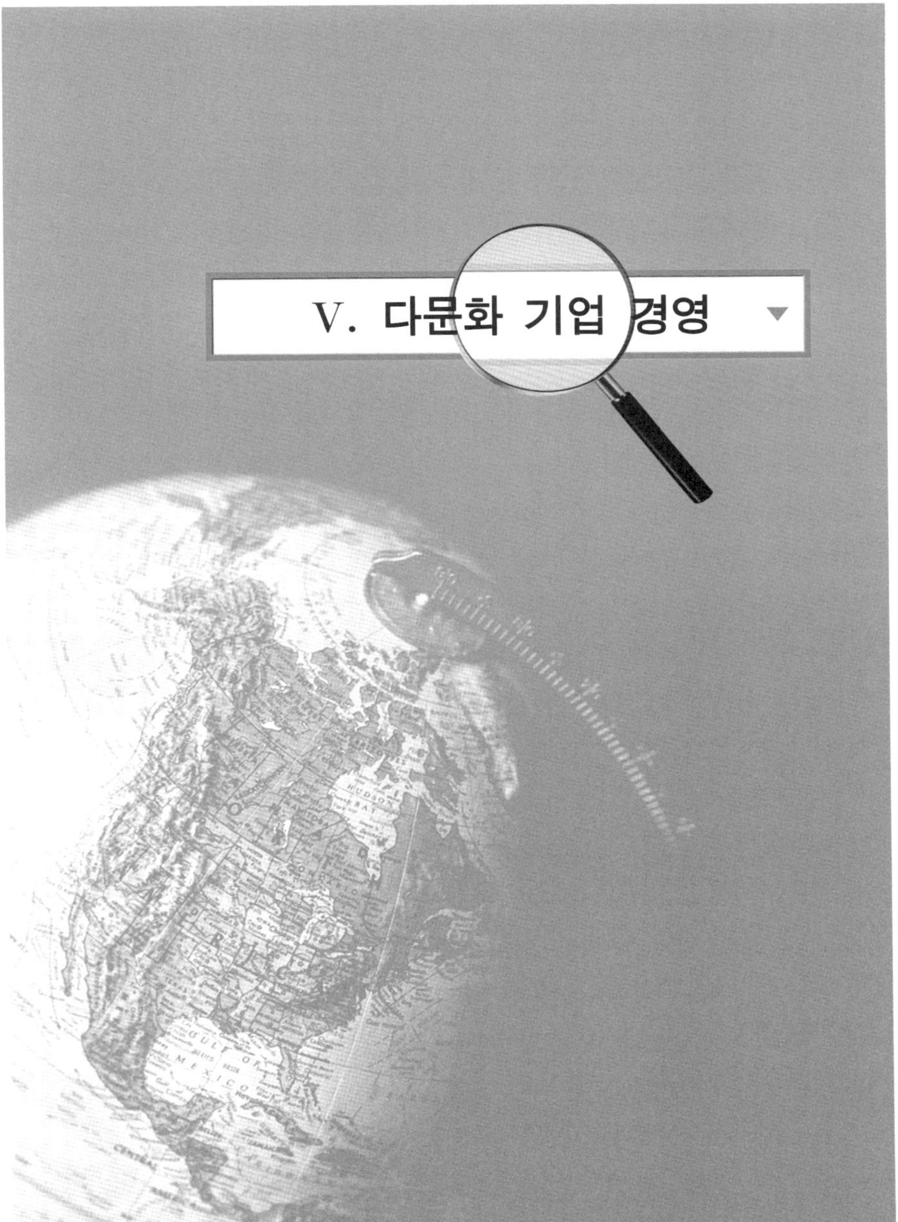

V. 다문화 기업 경영

1. 다문화 기업 개요

전 세계를 대상으로 사업을 하는 기업은 다양한 문화권에서 각기 다른 문화적 배경을 지닌 사람들을 통해서 기업 활동을 한다. 다문화 사회에서 기업 경영을 하는 데 있어서 문화 차이를 인식하고 이해한다는 것은 가장 기본적이고 중요한 성공요건이 된다. 그러나 다양한 문화가 상존하는 다문화 기업의 경영자들은 이러한 문화 차이를 인식 · 이해하지 못하거나, 자국문화의 어떤 고정적인 윤리규범이나 관습에 얽매여 다른 문화적 배경을 지닌 종업원들의 문화 차이에 대한 인식 그 자체를 거부하거나 매도하는 경향이 있다. 따라서 이러한 문화 차이에 대한 무지나 무시는 종종 그들이 경영 활동을 수행하는 데 있어서 커다란 장애요인으로 작용하거나 심지어는 전체 기업이나 사회에 치명적인 손실을 가져오는 결과를 초래한다.

다문화 기업 경영자의 가장 커다란 실수는 그 자신이 깨닫지 못하는 무의식적인 '자민족 중심적 가정'에 근거하여 사고하고 행동한다는 데 있다. 즉 경영자는 자신과는 상이한 문화적 배경을 가진 외국인이라 할지라도 그들이 자국 내의 사람들과 마찬가지로 생각하고 행동한다고 확신하는 경향이 있다. 그러나 이러한 경영자의 자문화 중심적 가정은 외국인을 대상으로 하는 사업계획의 수립과 이를 성공적으로 이해하기 위한 각종 전략을 수립·선택하는 과정에서 매우 불합리하고 부정적으로 작용하게 된다.

기업의 다문화 구성원을 대상으로 하는 다문화 경영 활동은 여러 가지 형태로 나타난다. 예를 들면, 기업은 단순히 상품이나 용역 등을 수출하는 무역을 통하여 다문화 경영 활동에 참여할 수 있고, 기술·경영 노하우와 같은 무형의 지식이나 정보를 파는 거래를 통하여 참여할 수 있으며, 또는 외국 기업과의 합작투자나 단독투자를 통하여 다문화 경영 활동에 참여하기도 한다. 그러나 여기서 중요한 것은 기업이 어떠한 형태를 통하여 다문화 경영 활동에 참여하든 간에 다문화 활동의 대상은 반드시 외국인을 대상으로 이루어진다는 것이다. 즉 다문화 경영 활동은 상이한 문화적 배경을 지니는 외국의 소비자, 공급업자, 정부관리, 기술도입자, 합작투자의 파트너, 종업원 등 다양한 계층의 사람들과의 커뮤니케이션과 협상을 통하여 이루어진다.

다문화 경영자의 자문화 중심적인 사고와 행동은 이들과의 커뮤니케이션을 왜곡하고 효과적인 협상을 방해하는 중요한 요인으로 작용한다, 또한 외국 출신 종업원의 선발과 훈련, 그리고 지휘와 통제 등 제반 관리행동이 효과적으로 이루어지는 것을 방해한다. 따라서 다문화 경영자들은 먼저 스스로 자문화 중심적인 또는 자민족 중심적인 사고와 행동의 존재를 올바로 인식할 수 있어야 한다. 그럼으로써 상이한 문화적 배경을 지닌 사람들의 사고와 행동 특성을 인식·이해할 수 있게 되며 이러한 문화 차이에 보다 효과적으로 적응하고 대처할 수 있게 되는 것이다.

다문화 환경의 기업 경영자들이 스스로 다양한 구성원들의 문화에 대한 학습을 촉진하고 인적 자원 개발전략을 수립할 때 문화요소를 고려하는 것은 매우 중요하다. 경영자들이 문화 차이를 관리하는 방법을 익히는 것은 그들의 시야와 행동을 더욱 글로벌하게 해 줄 뿐만 아니라 개인적으로나 기업적으로 바람직한 결과를 가져다줄 것이다. 다문화 기업과 경영자에 있어서 문화 차이를 이해하고 학습하는 것이 중요한 이유는 다음과 같다(Moran et al., 2007).

첫째, 문화는 그것이 국가문화이든지 기업문화이든지를 불문하고 모두 경영자들에게 정체성에 대한 감각을 심어준다. 특히 문화는 장려해야 할 가치나 인간 행동을 이해하고 판단하는 데 중요한 역할을 하며, 조직에 대한 충성심과 조직의 성과를 개선할 수 있게 해 준다. 둘째, 문화적 지식은 사람들에게 어떤 통찰력을 심어준다. 예컨대, 기업 간 업무규약은 특정 국가의 독특한 특성이나 코드 그리고 의식형태나 표준 등과 어우러져 만들어지기도 한다. 셋째, 문화적 깨달음이나 문화적으로 학습된 노련함은 조직문화를 이끄는 데도 큰 도움이 될 수 있다. 그리고 자회사, 특정 부서 또는 정부 단위에 형성되어 있는 하위문화는 전체 조직의 목표 달성이나 조직 내의 의사소통을 촉진하기도 하고 방해하기도 한다. 넷째, 문화의 개념과 특성은 이미 소멸된 산업이나 미래 산업의 근로 환경 내 근로문화를 분석하는 데 도움이 된다. 또한 문화적 통찰력과 문화적 해결방식은 우리가 리더십과 경영실무에 대해 문화적 영향을 최소화할 수 있는 비교경영기법을 연구하는 데 큰 도움이 된다. 다섯째, 다양한 문화적응 능력은 기업의 세계적 경영과 교역 활동에 있어서 필수불가결한 것이라고 할 수 있다. 문화적 민감성은 기업이 다양한 시장수요를 쉽게 파악할 수 있게 만들며, 자국 내 또는 해외시장에 존재하는 특정 소비계층이나 소수 민족에 대한 전략을 개선하는 데 많은 도움이 된다. 여섯째, 문화적 분별력은 국내 또는 해외에서 얻은 경험을 다른 문화에 이전할 수 있게 도와준다. 이는 특히 경영자 개인뿐만 아니라 그들의 가족이나 부하들이 지역적 이동으로 말미암아 겪게 되는 문화 변화와 그에 따른 문화충격의 문제를 해결하는 데에도 큰 효과가 있다. 일곱째, 문화적 분별력과 문제해결방식은 모든 해외진출시스템에 적용되어야 한다. 다른 문화에 대한 효과적인 적응은 해외에서의 경험과 생산성을 개선시킬 뿐만 아니라 해외에서 다시 자국과 모기업의 문화 안으로 재진입하는 데에도 도움이 된다. 여덟째, 문화적 역량은 경영자가 국제적 조직에 관여하거나 국제적 모임에 참여하는 데 큰 힘이 되며, 문화적 능숙함은 개인의 경험을 타 문화에 적합하게 바꾸어 적용해야 하는 문제에 효과적으로 대처할 수 있게 한다.

따라서 다문화 경영자는 문화의 차이 또는 문화의 다양성이 효과적인 것이 되게 하기 위해 사람들의 문화 차이를 있는 그대로 올바르게 인식하고 이해하여야 하며, 어떤 개인적인 기준에 의하여 이것을 평가하려고 해서는 안 된다.

2. 문화 다양성 관리 방안

다문화 기업의 구성원들은 그 수의 많고 적음에 관계없이 두 개의 문화 또는 그 이상의 다양한 문화적 배경을 지니게 된다. 이러한 문화 차이 또는 문화 다양성은 기업의 관리기능뿐만 아니라 기업이 추진하고 있는 사업 전반에 큰 영향을 미친다. 기업 내의 문화 다양성은 기업에 대하여 불리하게 작용할 수도 있고 유리하게 작용할 수도 있다.

문화 다양성의 부정적 측면으로 첫째, 문화 다양성은 기업 내에서 종업원들 간의 의사소통 행동의 통일을 어렵게 한다. 또 각기 다른 문화적 배경을 지니는 종업원들은 서로를 이해하는 데 어려움을 느낀다. 그리고 그들은 같은 페이스나 같은 방식으로 일하려 하지 않는다. 따라서 기업이나 기업의 사업이 종업원들에게 행동의 명확성과 방향성을 요구하거나 강조하게 되면 조직에서의 모호성과 복잡성, 그리고 혼란성이 증가하게 된다. 둘째, 문화 다양성은 종업원들이 조직의 실무와 과정을 지나치게 일반화함으로써 문제를 야기시킨다. 예를 들면, 미국의 다국적 기업은 아기 모습과 유아식의 종류를 표시한 상표를 유아식 용기에 부착하여 아프리카의 여러 나라 시장에 내놓았는데 판매에 실패하고 말았다. 왜냐하면 아프리카 사람들은 그 상표를 보고 아기를 갈아서 만든 것이라는 의미로 이해했기 때문이었다(Ricks, 1983). 이 예는 한 나라의 고객을 대상으로 개발된 마케팅 캠페인을 문화의 적응과정을 거치지 않고 문화적 배경이 다른 국가에 수출함으로써 발생된 결과라고 할 수 있다. 셋째, 문화 다양성은 조직이 공식적이든 비공식적이든 어떠한 협약에 도달해야 하는 경우에 문제를 야기시킨다. 예를 들면, 스위스의 한 기업은 일본의 한 기업과 기술제휴에 관한 계약을 체결하는 데 있어서 두 나라 간의 의사결정방식과 법률제도의 차이, 스위스인들의 일본어 이해 능력의 부족, 자발성 결여 등의 원인에 의하여 어려움을 겪게 되었다. 이러한 문제점은 협약이 단일 국가 또는 하나의 문화권 안에서 행해질 경우에는 발생되지 않거나 발생되더라도 쉽게 극복할 수 있는 성질의 것이라고 할 수 있다(Laurent and Alder, 1981−1983). 넷째, 문화 다양성은 전체적인 조직과정을 개발하는 데 있어서 어려움과 복잡성을 증가시킨다. 예를 들면, 미국의 어느 다국적 기업의 유럽지역 자회사들은 모회사의 정책에 의거하여 전체 종업원들의 건강기록에 관한 자료를 정리하기 위한 통일된 시스템의 설계에 착수하였다. 그러나 모회사의 훌륭한 정책에도 불구하고 이들은 각국의 법률적 제한과 노조와의 사전 협의의 필요성 등 각종 문제에 직면하여 명확한 결론을 내리지 못하게 되었다. 이러한 문제점들은 미국의 모회사가 정책을 수립하는 과정에서 타국의 사회·문화적인 차이점을 무시하고 정책 자체를 지나치게 일반화시킴으로써 발생된 것으로 볼 수 있다.

문화 다양성이 종업원들의 생각이나 행동을 수렴하는 과정에서는 일반적으로 많은 문제들을 야기시키는 반면에, 확산과정에서는 대부분 조직에 대하여 많은 이익을 가져다준다. 즉 문화 다양성은 조직이 그의 관점, 아이디어의 폭, 제품계열, 마케팅전략 등을 확장시키려고 할 때 가장 유리하게 작용한다. 또한 문화 다양성은 새로운 프로젝트의 착수, 새로운 아이디어의 창출, 새로운 마케팅계획과 기업의 운영계획 수립, 그리고 새로운 관점에서의 사업동향을 평가하는 데 있어서도 매우 유리하게 작용한다. 그리고 다문화 조직은 단일문화 조직에 비하여 보다 개방적이고 융통성이 있으며 고객의 욕구를 보다 잘 이해할 수 있는 능력이 있다. 예를 들면, 다문화 조직은 마케팅 캠페인을 고객의 문화적 특성에 부합시킬 수 있는 능력을 지닌다. 또한 기업의 문화 다양성은 다양한 관점과 시각을 통하여 문제를 해결할 수 있게 하며, '집단사고'와 같은 문제해결의 유효성에 영향을 미치는 장애요인을 극복할 수 있는 능력을 증가시킨다. 전체적으로 문화 다양성은 복잡한 문제를 해결하는 데 있어서의 창의성과 융통성, 문제해결기술과 능력을 증가시킨다(Hayles, 1982). 그리고 상이한 문화적 배경을 가지는 현지 동업자와의 협조 능력을 증가시키며, 조직 내 커뮤니케이션의 패턴과 역동성에 대한 인식을 제고시킨다. 문화 다양성은 그것을 조직에 대한 부담으로 생각하고 다루기보다는 하나의 유용한 자원으로 인식하고 사용할 때 조직에 대하여 유리하게 작용한다.

3. 다문화 기업 현황[1)]

사업의 글로벌화로 인해, 현지에서의 사업 수행역량 강화가 중요 과제로 부각되고 있다. 이제 우리 기업들도 인력의 다양성 관리와 관련된 사업 기회와 위험을 인식하고 이를 관리・활용해 나가야 한다. 많은 기업사례와 관련 연구들은 앞으로 다양성 관리가 글로벌 사업전개와 경쟁력 확보를 위해 선택이 아닌 필수가 될 것임을 보여주고 있다.

다양성이라는 개념 안에는 다양한 범주가 포함된다. 첫째는 사회적 범주의 다양성으로서, 연령, 민족, 인종, 성별, 종교 등과 같은 인구통계적 차이가 이에 해당된다. 둘째는 정보 관련 다양성으로서 교육 정도, 직무 경험, 기능적 전문성 등과 같은 조직 내 차이를 말한다. 끝으로 가치 지향과 관련된 다양성으로서 이는 개인적 성격과 태도 등과 같은 심리적 차이를 의미한다. 이 가운데에서 첫 번째 인구통계적 차이에 기반을 둔 다양성 범주(특히 여성과 소수 민족, 인종, 성적 정체성 등과 같은 범주)가 현재 기업 경영과 관련된 많은 이슈를 제공하고 있다.

초기 다양성 관리는 서구 선진국들에 있어서의 법규 준수(Compliance) 과제로서 출발되었다. 즉 차별금지법(Anti-Discrimination Act)이

1) 신원무(2009)에서 요약・정리하였음.

라든가, 이에 기반을 둔 기회평등(Equal Opportunity)에 관한 법규 등 기본권 보장에 대한 법규가 기업 경영에 영향을 미치면서 이를 준수하려는 노력의 일환으로 시작되었다. 이러한 법규 준수와 관련된 노력들은 여전히 다양성 관리의 주요 활동으로 평가되고 있으며, 북미 유럽의 많은 기업들에 있어서는 이와 관련된 규제의 준수가 사업 수행의 전제 조건이 된다고 볼 수 있다.

우리나라도 최근에 기회 균등 및 이를 위한 적극적 고용조치(Affirmative Action)에 관한 법규가 제정 실행됨에 따라, 그간 기업 조직 내 여성인력 활용을 보다 활성화하려는 노력들이 이루어지고 있는 것이 사실이다. 그 결과 여성인력의 고용 상태(채용뿐만 아니라, 육성, 승진, 역할 책임 범위 등 직무 수행 조건 전반의 상황)가 일부 개선되고 있는 듯이 보인다. 노동부 조사결과에 따르면, 1,607개 기업을 대상으로 나타난 전체 여성 직원의 비율이 2006년 30.7%에서 34%로 양적으로는 성장하였다. 그러나 질적인 측면에서 살펴볼 때, 여성 관리자 비율은 아직 14.1%에 불과하며(이는 2006년 10.2%보다는 상승한 수치이나, 이 가운데 466개 기업에서는 여성 관리자가 한 명도 없었다. 2003년 미국의 경우는 45.9%를 여성이 점유하고 있다), 여성 임원 비중도 민간 기업의 경우 6.4% 정도 차지하는 것으로 나타났다. 이는 1990년대 말 및 2000년대 초에야 대졸 여성인력의 정규직 채용이 본격적으로 이루어져, 시니어 여성인력의 모집단 규모가 아직 크지 않다는 데에도 기인하지만, 다양성 관리 차원에서의 보다 체계적인 제도 개선 및 실행 노력이 더욱더 요구된다고 할 수 있다. 현재까지는 우리 기업뿐만 아니라 많은 북미 유럽의 기업들도 차별 금지와 기회 균등을 요구하는 법규 준수 차원에서 성별, 피부색, 민족, 국적, 장애인 등에 대한 고용 개선 및 인력 활용문제에 접근하고 있다. 그러나 사업이 글로벌화되고, 현지에서의 사업역량 강화가 도전과제로 대두되고, 인재 전쟁에 따른 우수 인재의 유치가 중요해짐에 따라, 선진 기업들은 다양성 및 포용정책을 경쟁력 강화의 지렛대로 활용하기 시작했다. 다양성을 존중하여 다양한 인력들이 그들 각자의 차이점에 기반을 둔 잠재력을 제대로 발휘토록 함으로써 사업 경쟁력 강화 및 사업성과 창출을 도모하자는 것이다. 아직 이 문제, 즉 다양성 관리가 사업성과 향상으로 연결된다는 직접적 인과관계에 대한 실증적·계량적 검증 연구가 확립되어 있지는 않지만, 많은 기업사례 및 관련 연구들은 앞으로 다양성 관리가 글로벌 사업 전개 및 경쟁력 확보의 선택이 아닌 필수가 될 것이라는 전망을 보여주고 있다. 실제로 미국 인사관리협회의 2001년 조사에 따르면, 91%의 기업이 다양성 관리가 조직의 경쟁력 향상에 긍정적 영향을 미친다고 응답하였다. 또한 세계적인 비영리 성별 다양성정책 연구기관인 Catalyst의 조사보고서 "경영성과: 기업성과와 성별 다양성의 연계분석(The Bottom Line: Connecting Corporate Performance and Gender Diversity, 2004, 2007)"은 최고 경영진에서의 여성 참여 정도(최고 경영진 중 여성 점유 비율)가 높을수록 기업 경영이 투명해지고, 창의적인 전략 실행 등을 통해 그만큼 수익성이 높아진다는 흥미로운 결과를 보여주었다.

1996년부터 2004년까지 Fortune 500대 기업 중 여성 임원 자료 확보가 가능한 353개 기업(2004년)과 520개 기업(2007년)을 대상으로 한 조사를 통해, 이사회 및 경영진으로 여성인력 참여가 높은 기업이 그렇지 않은 기업보다 ROE[2], TRS[3], ROIC[4] 등 수익률 지표가 훨

2) ROE: Return on Equity
3) TRS: Total Return to Shareholders
4) ROIC: Return on Invested Capital

씬 높다는 것이 지속적으로 보고되어 왔다. 해당 국가에서의 문화적 다양성, 기회 균등에 대한 법규내용에 대한 준수는 그 나라에서 사업을 영위해 나가기 위해서는 필수적으로 요구되는 사항들이므로, 기본적으로 법규 준수는 사업 위험을 최소화하기 위해서라도 이루어져야 한다. 그러나 치열해지는 글로벌 경쟁에서의 인재 활용 및 사업 경쟁력 강화를 위해서는 수동적인 의미에서의 법규 준수 차원의 접근을 넘어서, 보다 적극적인 다양성 관리를 통해 다양성을 경쟁력 제고를 위한 지렛대로 활용할 필요가 있다.

다양성 관리는 문화적 다양성을 이해하고 존중하는 것에서부터 출발해야 한다. 그렇지 못할 경우, 효과적인 정책 실행이 어려울 뿐만 아니라 뜻하지 않은 사업 위험에 직면할 수도 있다. 미국의 글로벌 기업 맥도널드는 부정/의혹 사항에 대한 내부 직원의 감시를 규정하고 있는 자국의 SOX(Sarbane-Oxley Act of 2002) 규제 법안을 준수하기 위해 전 세계 법인들에 대해 이의 준수를 위한 표준 프로세스를 정립하고 실행하려고 하였다. 그러나 2005년 프랑스 정부는 자국의 개인정보 보호법을 근거로 이를 승인하지 않았다. 결국 맥도널드는 자국의 법규를 준수하기 위해 마련한 표준 프로세스를 전면 수정하여 프랑스 및 유럽에서 적용될 수 있는 실행 방안을 마련할 수밖에 없었다.

〈그림 5-1〉에서 보는 바와 같이, 다양성정책을 실행하고 있는 기업들은 여러 가지 측면의 효익을 거두고 있다고 밝히고 있다. 이러한 효익들이 구성원들의 자발적 이직을 줄이고, 업무 몰입도(Engagement Level)를 향상시키며, 다양한 아이디어와 문제해결방법을 도출·적용하여 결국 시장 대응력 및 사업 경쟁력을 제고하는 데에 기여한다고 생각하고 있다.

적극적인 다양성 관리 및 정책 실행을 통해 기업 조직은 조직 인

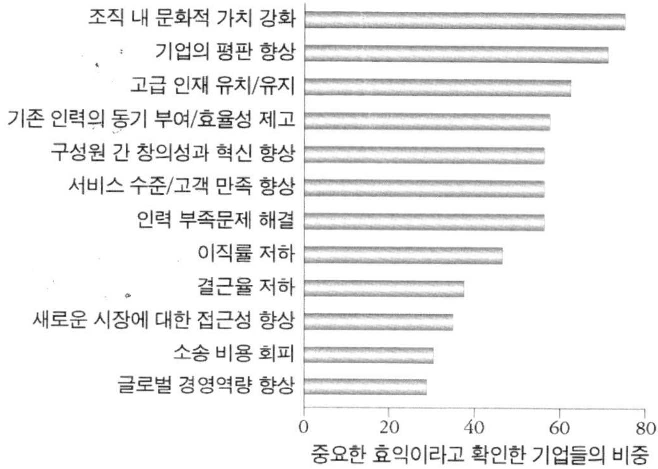

〈그림 5-1〉 적극적 다양성정책 실행에 따른 효익(신원무, 2009)

적 자본을 확충함으로써, 장기적으로 사업 경쟁력 향상을 추구할 수 있다. 다양성 관리정책이 장기적 사업 경쟁력 강화의 지렛대로 연계될 수 있는 데에는 다음과 같은 효과들을 도모할 수 있기 때문이다.

첫째, 비용 효과적인 고용관계 구축이다. 다양성 관리정책의 실행을 통해 우수한 인적 자원을 효과적으로 확보·유지할 수 있다. 기업 평판과 고용 브랜드(Employment Brand)를 효과적으로 향상시킬 수 있어 잠재 취업 희망자들이 선호하며, 우수 인재를 선택해서 선발할 수 있는 "선택된 고용자(Employer of Choice)"의 지위와 혜택을 누릴 수 있다. 인재전쟁의 시대에서 기업 평판과 고용 브랜드를 제대로 확립하지 못한다면, 결국 경쟁사들에게 우수 인재를 양보할 수밖에 없으므로 이는 대단히 중요한 경쟁요소 및 자원을 상실하는 것이라 할 수 있다. 아울러, 적절한 다양성 관리 프로그램의 결핍으로 인해, 우수 인재를 제대로 유지하지 못해 자발적 이직이 필요 이상으로 발생할 경우에도 불필요한 많은 비용이 발생한다. 한 조사결과에 따르면 구성원의 이직에 따른 퇴직 채용 적응에 소요되는 비용은 이직 개인이 받는 연봉의 50%에서 250% 정도 소요된다고 한다. 또한 다양성 관리의 실행을 통해 안전·부정사고, 노조 관련 분쟁, 소송 사건 등과 같은 인적 자원의 재무적 위험도 감소시킬 수 있다. 새로운 글로벌 환경하에서 요구되는 경쟁우위 중의 하나인 "인력 운영의 민첩성(Workforce Agility)", 즉 전 세계에서 사업을 수행하는 데에 필요한 역량과 스킬을 파악하고 이를 수행할 수 있는 인력들을 적시에 확보·육성·배치하기 위해서도 다양한 인재집단은 필수적인 전제 조건이라 할 수 있다. 둘째, 고객관계 및 고객 대응력 제고에 도움을 줄 수 있어 시장에서의 경쟁력 강화를 도모할 수 있다. 고객은 남성이나 주류집단만으로 구성되어 있는 것이 아니다. 최근의 조사결과는 기존의 주류 고객집단과 비교하여 여성, 소수 인종 등 비주류 고객의 구매력과 구매 의사결정에 미치는 영향 정도가 지속적으로 증가하고 있음을 보여준다. 예컨대 Tom Peters는 미래에 전개될 새로운 경제 시대의 핵심 트렌드가 "여성의 시대"가 될 것으로 예견하면서, 그의 동료이자 "Marketing to Women"을 저술한 여성 관련 전문가인 Martha Barletta의 의견을 빌어, 소비재나 생활용품 등 전통적인 여성 관련 산업분야뿐만 아니라, 전자, 자동차, 가구, 주택 등 내구재에 대한 여성들의 구매 영향력이 매우 크다는 점을 주목해야 한다고 역설하고 있다. 미국의 경우이긴 하지만, 가구 구입 시 94%, 휴가 관련 의사결정의 89%, 주방 기기 구입 시 88%, 주택 구입의 75%, 의료 서비스 제품 구입 시 80%를 여성이 결정한다는 것이다. 아울러 이외에도 모든 PC 구매자의 66%, 소비자 가전제품 구매자의 55%, 신차 구매자의 60%, 중고차 구매자의 53%가 여성이며, 모든 종류의 자동차

판매에 있어 80% 정도의 영향력을 행사하는 것으로 조사되었다.

미국의 경우, 미국 사회를 구성하고 있는 다양한 인종집단들의 구매력도 가파르게 상승해 나갈 것으로 예측되고 있어, 미국 시장에서 사업을 수행하는 기업들은 다양한 고객집단에 대한 대응 필요성이 앞으로 더욱 증대될 것이다. 그렇다면 다양성 관리가 효과적인 시장 및 고객 대응을 통해 사업성과에 기여할 수 있는 요인은 무엇일까? 조직 구성원을 대상 시장의 모집단 특성과 유사하게 해야 해당 고객시장 특성을 보다 정확히 이해할 수 있다는 점이다. 예컨대, 여성이 주 고객인 제품 서비스 시장에서 남성들이 여성들의 니즈를 제대로 이해하고 상품을 기획 설계하여 고객에게 전달하는 데에는 한계가 있다는 것이다. 실제로 다양성 관리정책을 선구적으로 도입 실행해 온 IBM에서는 다양성 관리를 사업성과 향상에 연계하는 프로그램을 적용하여 많은 성과를 거두고 있다. 전 세계 170개국 이상에서 다양한 인종과 민족들을 대상으로 사업을 수행하는 IBM은, 자국 및 현지의 우수인재들이 피부색, 국적, 나이, 성별, 성적 정체성(LGBT: Lesbian, Gay, Bisexual, and Transgender) 장애 여부에 관한 차별 없이 업무에 몰입할 수 있는 업무 환경과 정책을 도입·실행하고 있다. 특히 1995년 8개(아시아계, 아프리카계, 히스패닉계, 아메리카 원주민계, GLBT, 장애인, 남성, 여성 등)의 다양성 범주별로 임원급의 태스크 포스팀을 조직하여 다양성 관리 프로그램과 사업성과 향상을 연계시키는 노력을 경주하고 있다. 각 그룹에게는 각각 다음과 같은 질문들이 주어지고, 그에 대한 해답을 찾고 실행하는 과제가 주어졌다(〈그림 5-2〉 참조).

- 이 직장에서 환영받고 존중받는다고 느끼기 위해서는 무엇이 더 필요한가?

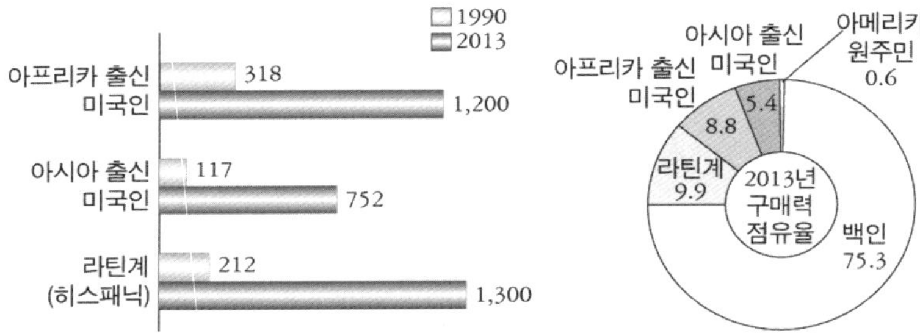

원자료: 신원무, 2009.

〈그림 5-2〉 미국의 인종별 구매력 추이 및 점유율 예측(단위: US Billion $, %)

- IBM은 당신이 속한 그룹과 협력을 통해 해당 그룹의 작업 생산성을 높이기 위해서 무엇을 할 수 있는가?
- 당신이 속한 그룹의 고객들과의 사업 수행을 위해 IBM이 영향을 미칠 수 있는 것은 무엇인가?
- 당신들이 속한 그룹을 대표하는 외부 조직과 IBM은 어떠한 관계 정립을 해야 하는가?

이러한 다양성 관리정책과 사업성의 연계 노력의 결과 IBM은 이러한 8개 범주 집단에 해당하는 고객기반 개척에 성공하였으며, 이처럼 확대된 고객기반으로 구성된 중·소규모 시장(Small & Medium Business)에서의 수익을 1998년 1천만 달러에서 2003년 2−3억 달러 규모로 성장시킬 수 있었다. 이러한 사업 성공으로 인해 1993년 이후 10년간 여성 임원은 3.7배, 소수 인종 임원은 2.3배, GLBT 그룹의 임원은 7.3배 증가하여 선순환의 상승효과를 거두고 있다.

최근의 연구들은 제품 서비스 자체의 특성과 가치뿐만 아니라, 고객 경험을 구성하는 직원의 서비스 행위도 고객의 브랜드 이미지 인식 및 만족도에 중요한 영향을 미치고 있음을 보여주고 있다. 즉, 고객이 제품 서비스를 구입하고 제공받는 과정에서의 상호작용과 경험이 매우 중요하다는 것이다. 이러한 점에 착안하여 전통적인 남성 기업 이미지를 가지고 있는 자동차업계의 닛산(Nissan)은 일본 시장에서 자동차 구매 의사결정의 65% 이상에 여성들이 영향을 미친다는 조사결과에 대한 대응 방안으로 다양성 관리정책을 본격적으로 실행하게 되었다. 즉, 여성인력 육성 활용을 위한 "운전석에서의 여성: 지렛대로서의 성별 다양성" 프로그램을 도입·실행한 것이다. 여성의 업무 수행, 교육, 승진, 관리자 육성 등 세부 프로그램 및 여성 친화적인 작업장 여건 구축, 여성 리더 육성에 책임을 지는 관리자의 목표와 연계된 인적 자원 성과 관리, 구성원 서베이 등 성과 관리제도 등을 실행함으로써 여성 고객들의 니즈에 제대로 대응하기 위한 여성인력 육성에 주력하고 있다. 그리하여 고객 경험이 이루어지는 직영 딜러점 등 영업 현장에 종전보다 2배 이상의 여성인력을 배치하여 고객 만족을 도모하고 있다. 그 밖에 자동차 디자인 및 상품 기획 부서, 생산 공장 등 전통적으로 남성 위주의 업무분야에서 여성인력 활용도를 2004년 이후 3년간 2배 이상 증대함으로써 여성의 시각에서 여성 고객을 이해할 수 있도록 노력하고 있다.

다양성 관리가 경쟁력 강화에 도움을 주는 세 번째 측면은 조직 내 창의성과 유연성, 혁신을 촉진한다는 점이다. 한 조직 내에 같은 생각을 가진 사람만 있다면, 그 조직은 급변하는 경쟁 및 시장 환경에 효과적으로 대응하기 어려울 것이다. 다양한 시각에서 시장과 이슈를 분석하고 해석함으로써 보다 유연하고 창의적인 대응 방안을 찾아낼 수 있을 것이기 때문이다. Pepsi Co.는 성별, 민족, 인종 등을 기준으로 7개의 다양성 범주에 대한 포용정책(Inclusion Policy)을 실행하고 있는데, 각 공동체에서 발의된 아이디어들을 신제품 개발로 연결시켜 커다란 성과를 보고 있다. 예를 들어, 프리토레이 사업부에서는 히스패닉 공동체의 아이디어를 채택하여 구아카몰리 향의 감자칩을 출시하여 매출 1억 달러의 히트상품을 탄생시켰다. P&G 역시 적극적인 다양성정책을 통해 사업 경쟁력을 제고하고 있는 대표적인 기업이다. 동사는 유럽 고객들의 다양한 요구, 즉 효소의 작용, 경수(hard water) 사용 환경, 환경오염의 최소화, 표백 대체 기능, 대용량의 탑 로딩 세탁기뿐만 아니라, 유럽에서 보편화된 소용량의 프론트 로딩 세탁기 등 복합적인 시장 니즈를 모두 고려한 "유럽형" 세탁세제 제품 개발을 위해 각국의 여러 민족들로 구성된 다문화(Cross-Cultural) 제품 개발팀을 구성하였다. 이렇게 탄생된 비지르(Vizir) 세탁세제는 출시 6개월 만에 대성공을 거두었다. 이는 P&G의 다양성정책에 기반하여, 다양한 시각에 기초한 시장의 이해와 아이디어를 통해 가능했다고 할 수 있다.

끝으로, 다양성 관리정책의 실행을 통해 전 세계 지역사회와의 건강한 공동체 관계를 정립할 수 있고, 이를 통해 지속 가능한 경영의 한 축을 담당함으로써 장기적 경쟁력 강화에 도움을 줄 수 있다.

다양성 관리를 효과적으로 실행해 나가기 위해서는 인적 자원 부서의 기능 수행만으로는 쉽지 않다. CEO를 비롯한 최고 경영진이 이 문제에 대한 확실한 인식을 정립하고, 이를 정착시킨다는 정책적 의지와 스폰서십에서 출발해야 한다. 또한 다양성 관리 프로그램은 기본적으로 회사의 다문화 존중의 경영 이념과 전략에 기초해야 한다. 다양성 정책의 원칙은 조직 내부의 모든 가치사슬 영역에 일관되게 제도화될 필요가 있다. 자재 조달 협력업체 관리에서부터 제품 서비스 개발인력의 채용과 운영, 고객 관리 및 영업 현장에 이르기까지 일관되게 적용되어야 하는 것이다. 또한 신입 사원부터 최고 경영진

까지 모든 계층에 핵심 가치의 하나로 내재화되어야 한다. 자칫 잘못하면 구호에 그칠 수 있으므로, 제대로 효과적으로 실행되고 있는지, 사업과의 연계성 정도는 어떠한지에 대해 지속적으로 모니터링할 수 있는 제도 정비도 필요할 것이다. 다양성 관리문제는 해외 다민족 국가의 이야기이고 우리 기업과는 관계가 먼 사안으로 보일 수도 있을 것이다. 하지만 이미 우리 국내의 노동 시장, 구매자 시장의 경향도 뚜렷하게 변화하고 있고, 더욱이 전 세계를 대상으로 사업을 영위해야 하는 우리 기업의 경우에는 빠른 시간 내에 다양성 관리를 실행해 나가기 위한 제도적 정책 수립이 시급하다. 한국의 글로벌 기업들이 현지 사업 경영에서 겪는 애로사항 중 하나가 해외인력(현지 채용인)들의 업무성과와 생산성과 관련된 문제이다. 우수인재를 유치하기 어렵고, 채용해도 일을 할 만하면 다른 회사로 이직하여 막대한 인력 관리 비용을 발생시키고, 업무성과상의 문제가 적지 않다는 것이다. 이렇게 된 원인 중의 하나는 한국인과 해외인력을 따로 관리하는 지금까지의 인사 관행 때문이라 할 수 있다. 직무 교육, 성과 관리, 관리자 교육, 관리자 승진 및 역할 부여가 거의 한국인 중심으로 이루어져 해외인력들에게는 기회를 주지 못하거나 매우 제한되어 있기 때문에 해외인력들은 우리 기업에서의 경력 성장 비전을 가지지 못하는 것이다. 글로벌 시장에서의 강자로 자리 잡고 진정한 글로벌 기업으로 성장해 나가기 위해서는 이러한 근본문제를 해결하기 위한 글로벌 차원의 인사제도 수립과 실행이 필수적이며, 다양성 관리는 그 핵심 요소라 할 수 있다.

VI. 연구 모형과 가설

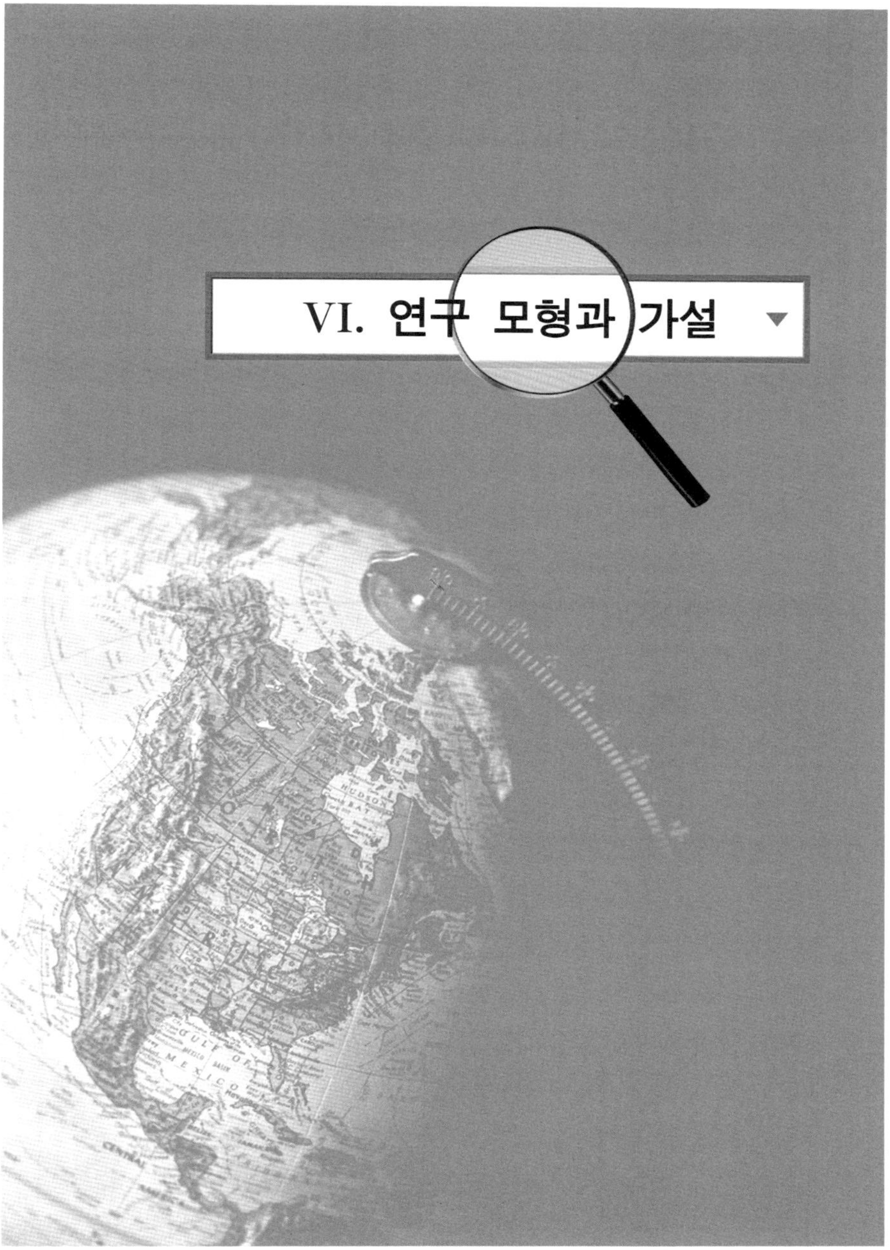

VI. 연구 모형과 가설

1. 연구 모형의 틀

글로벌 비즈니스 환경은 문화 다양성을 이해하는 높은 수준의 전문가들을 필요로 하고 있다. 조직에 대한 연구에서 다양한 노동력의 본질을 인식하고 있는 연구자들은 다문화에 기반한 구성원들로 이루어진 조직에 대한 연구에 지속적으로 중점을 두어 왔다(Jackson et al., 1995; Lawrence, 1997; Snow et al., 1996). 이들은 다양한 노동력은 조직성과를 향상시킬 수 있어 조직의 효율성과 효과성을 개선할 수 있음을 제시하고 있다(Cox, 1993; Kirchmeyer and McLellan, 1991; Tung, 1993). 다양한 사람들과 효과적으로 업무를 수행하기 위해서는 다문화 조직 구성원들이 상호작용하고 있는 문화를 이해할 필요가 있고, 구성원의 개성, 갈등행위. 인생 경험 등도 인정해야 한다(Triandis and Singelis, 1998). 현대 기업에서 다문화 조직에 대한 지속적인 관심은 높은 성과 조직 개발에 필요한 의사소통 프로세스에 대한 이해 증진을 요구하고 있다(Wheelan et al., 1998). 본 연구는 기존의 다문화 조직성과에 대한 지식과 실천은 문화 간 소통역량 효과를 충분히 고려

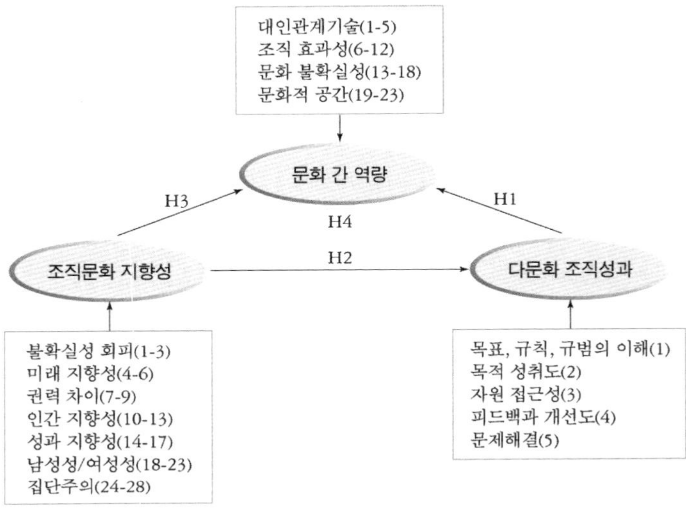

〈그림 6-1〉 개념적 연구 모형

하고 있지 않음을 제시하고자 한다. 문헌들은 문화 간 역량이 다문화 조직의 성공적인 성과에 활력적인 공헌자임을 보이고 있다. 글로벌 상거래 및 노동의 다양성의 발달은 효과적인 문화 간 의사소통의 가치를 고양시켜 왔다. 본 연구는 문헌 연구를 기반으로 문화 간 역량과 다문화 조직성과 간 관계 및 문화 간 역량에 대한 조직문화 지향성의 영향을 고찰하는 문화 간 소통에 대한 연구이다. 특히 본 연구는 국내 기업에서 종사하고 있는 외국 근로자의 문화 간 상황에서 자신들의 행위의 지각에 대한 실증분석을 통해 조직의 문화 지향성이 문화 간 소통역량과 조직성과에 어떻게 영향을 미치는가를 밝히고자 한다. 다문화 조직에 대한 대부분의 기존 문헌들은 인위적이고 실용성이 떨어질 수 있는 실험계획 방법을 사용하고 있다(Cox et al., 1991; Kirchmeyer and Cohen, 1992). 이와 반대로, 본 연구는 실제로 다문화 조직에 종사하고 있는 종업원들을 조사하여 실증분석하고자 한다. 본 연구의 주요 목적은 다문화 조직성과에 대한 문화 지향성과 문화 간 역량의 영향에 대한 선행 연구를 확장·발전시키는 데 있다. 따라서 본 연구는 다음과 같은 연구문제를 탐구하고자 한다. (1) 조직 구성원들 간·문화 간 역량의 높은 수준은 다문화 조직성과에 어떻게 영향을 미치는가? (2) 조직 구성원의 문화 지향성은 문화 간 역량의 지각에 어떻게 영향을 미치는가? (3) 문화 간 역량은 조직의 문화 지향성과 다문화 조직성과 간 관계를 어떻게 매개하고 있는가? 이 연구문제에 대한 개념적 연구 모형은 〈그림 6-1〉과 같다.

2. 다문화 조직성과

첫 번째 연구문제는 조직 구성원의 문화 간 역량과 다문화 조직의 성과 간 관계에 대한 탐구이다. 다문화 조직은 서로 다른 민족·문화의 사람들로 구성된 다문화 집단이다(Marquardt and Horvath, 2001). 해외 잠재시장을 겨냥하여 국제적으로 확장하는 기업들은 역동적인 글로벌 기업 환경의 요구에 따른 유연성, 대응성, 자원 활용을 위해서 다문화 조직을 활용하고 있다(Mowshowitz, 1997; Snow et al., 1996). 문화 다양성에 대한 기존의 문헌은 조직 구성원들의 인구통계학적 배경과 문화 속성, 가치, 인지와 관련된 다른 변수들을 고려하고 있다(Cox et al., 1991; Jackson et al., 1992; Watson et al., 1993). 조직의 문화 다양성은 다문화 조직 구성원들이 조직에 기여할 수 있는 다양한 관점, 기술, 그리고 개인적 속성을 포함하는 많은 혜택을 가지고 있다(Maznevski, 1994). McLeod and Lobel(1992)에 따르면, 민족학적으로 다양한 집단은 브레인스토밍에서 높은 질의 많은 아이디어를 생성함을 보여주고 있다. Watson et al.(1993)은 문화적으로 다양한 조직이 문제를 정의하고 해법을 생성하는 데 동질 집단의 조직보다 우수한 성과를 나타내고 있음을 밝혔다. 다문화 조직을 활용함으로써, 기업들은 유의한 생산성을 획득하고 있다(Townsend et al., 1998). 예를 들면, Ng and Tung(1998)은 많은 지점을 갖는 금융 서비스 조직의 다문화 조직이 문화적으로 동일한 조직보다 높은 수준의 금융 성과가 있음을 보이고 있다. 한 조직에서 일하는 다양한 문화의 사람의 에너지와 시너지의 활용은 기업이 직면하고 있는 도전과 문제들에 대해 좀 더 창조적인 접근법으로 유도할 수 있다(Marquardt and Horvath, 2001). 다문화 조직 구성원들 간 상호작용은 새로운 조직문화의 형성을 불러일으킨다(Earley and Mosakowski, 2000). 동질 혹은 단일문화 조직과는 달리, 다문화 조직은 몇 개의 공통성이 조직 구성원들 간에 존재하기 때문에 이미 존재하는 정체성을 의미하지 않는다(Earley and Mosakowski, 2000). 이런 이유로 다문화 조직 구성원들은 필요로 하는 단순한 규범, 기대성과, 구성원 인식에 대한 조직문화를 만든다. 효과적인 다문화 조직은 공유하고 있는 구성원 기대가 의사소통과 조직성과를 용이하게 하는 강하고 새로운 문화를 형성한다(Earley and Mosakowski, 2000). 이런 지각의 이해의 공유에 의해 생성된 긍정적인 효과와 신뢰는 성과 향상을 촉진시키고 조직 능률을 신장시킨다(Bandura 1997; Klimowski and Mohammed, 1994). 또한 조직 구성원들 간 효과적인 의사소통은 강하고 새로운 조직문화 형성을 촉진시킨다(Pearson and Nelson, 2003). 그럼에도 불구하고, 다문화 조직은 조직 응집력에 영향을 미칠 수 있는 상호작용 문제에 취약할 수 있다. 다문화 조직의 구성원들은 환경, 동기, 행동의도, 소통 규범, 고정관념, 민족중심주의, 편견에 대한 서로 다른 인식을 갖고 있다. 이런 차이의 결과는 손상된 사회적 응집력으로 인한 낮은 조직성과로 나타난다(Shaw, 1981). 조직 응집력과 조직성과에 대한 연구는 두 요인들 간 긍정적인 상관관계가 있음을 보이고 있다(Elron, 1997; Evans and Dion, 1991; Guzzo and Shea, 1992; Smith et al., 1994). 응집력이 있는 조직은 변화와 도전에 빨리 적응하고, 좀 더 유연하며, 좀 더 효율적이다(Elron, 1997). 조직의 개별적인 구성원들의 의사소통기술은 조직 내에 친밀한 관계를 설정하는 데 도움을 주고, 조직 구성원들을 하나의 응집력 있는 높은 성과를 내는 조직으로 묶어 주는 데 도움을 준다. 문화 다양성, 문화적 차이, 문화 간 갈등을 관리하는 것은 다문화 조직의 가장 공통적인 도전이 되어 왔다(Marquardt and Horvath, 2001). 조직 구성원들 간 문화적 차이는 갈등, 오해, 그리고 낮은 성과를 낳을 수 있다(Shenkar and Zeira, 1992). 이러한 가장 전형적인 도전들 중의 5가지는 (1) 문화 다양성, 차이, 갈등 관리, (2) 조직 구성원들의 지리적 거리와 분산 관리, (3) 조정과 통제문제 처리, (4) 풍부한 의사소통 유지, (5) 조직 응집력 개발과 지속성이다(Marquardt and Horvarth, 2001). 서로 다른 문화의 종업원들은 동일한 전략적 문제 혹은 조직 업무에 서로 다르게 해석하고 대응하는 경향이 있다. 이는 다문화 조직 구성원들이 환경적인 기회와 위협, 그리고 강점과 약점에 대해 서로 다른 독특한 인식을 가지고 있기 때문이다(Schneider and DeMeyer, 1991).

문화 간 의사소통 역량은 다문화 조직이 직면하는 공통의 도전을 나타내는 관리자 능력의 가장 중요한 요소이다. 다문화 조직에서 일을 하는 관리자는 서로 다른 문화적 배경의 사람들과 효과적으로 일을 하기 위해 능력 있는 문화 간 의사 소통자가 되어야 한다. Kealey and Protheroe(1996), Redmond and Bunyi(1991), Samovar and Porter(1991)와 같은 많은 연구자들이 문화 간 의사소통 역량과 문화 간 효과성에 대해 탐구해 왔지만 문화 간 의사소통 역량과 다문화 조직성과 간 관계에 대한 연구는 충분히 이루어지지 못했다. 과거의 연구는 민족-문화 다양성과 성과 간 관계가 상당히 복잡한 것으로 보여주고 있다(Ng and Tung, 1998). 다문화 조직성과, 문화 간 의사소통 역량, 그리고 조직 구성원들의 문화 지향성의 인과관계의 실증분석은 문화 간 의사소통 역량이 다문화 조직의 성과에 어떻게 영향을 미치는지를 〈그림 6-1〉과 같이 설명할 수 있다.

3. 문화 간 역량

작업 환경에서, 역량은 필요한 작업을 효과적으로 수행하기 위한 개인의 능력을 결정한다(Klemp, 1979). 다문화 환경에서, 동료로부터 정보를 얻는 것은 높은 수준의 문화 간 소통역량을 필요로 한다. 문화적으로 역량 있는 많은 다문화 조직은 언어적이거나 비언어적인 행동 수준에서 효과적인 소통을 통해 해외 민족들과 대인관계를 설정하고 있다(Spitzberg, 1983). 문화 간 의사소통 역량은 조직 구성원들이 명확하게 자신들을 표현하고 동료들을 보다 잘 이해함으로써 높은 조직성과 달성 가능성을 증가시킨다. 또한 문화 간 의사소통 역량은 글로벌 시장 환경에서 관리자의 의사결정이나 문제해결 능력을 증가시킨다.

과거 연구는 관계기술, 의사소통기술, 개인 특성을 포함하는 문화 간 의사소통 역량을 구성하는 다양한 속성들을 규명하고 있다(Black and Gregersen, 2000; Kealey and Protheroe, 1996; Mendenhall, 2001; Moosmüller, 1995). 이 역량은 문화나 언어의 지식뿐만 아니라 공감, 인간적 따뜻함, 카리스마, 분노와 불확실성을 관리하는 능력과 같은 정서적・행위적 기술을 수반하고 있다(Gudykunst, 1998; Spiess, 1996, 1998). 또 다른 사람들은 개인들이 능력 있는 상호작용을 하기위해서 다문화 의사소통 역량에 대한 충분한 지식, 숙련된 행동, 적절한 동기가 필요하다고 주장하고 있다(Spitzberg, 1991).

문화 간 의사소통 역량은 전통적으로 개념적 모형의 도움을 받고 분석되었다(Abe and Wiseman, 1983; Chen, 1989; Cui and Awa, 1992; Dean and Popp, 1990; Martin and Hammer, 1989). Abe and Wiseman (1983)은 다문화 효과성의 다섯 가지 차원—(1) 대인관계 소통 능력, (2) 서로 다른 문화에 대한 적응 능력, (3) 서로 다른 사회 시스템에 적응하는 능력, (4) 대인관계를 만드는 능력, (5) 다른 사람을 이해하는 능력—을 제시하고 있다. Cui and Awa(1992)는 다문화 효과성의 다섯 가지 차원—(1) 대인관계기술, (2) 사회적 상호작용기술, (3) 문화적 공감, (4) 개인적 특성, (5) 관리 능력—을 규정하고 있다. Matveev(2002)와 Matveev et al.(2001)은 위의 두 연구를 결합하여 문화 간 의사소통 모형(3C 모형)을 개발하여 다문화 조직 환경에 적용하였다. 이 3C 모형은 다문화 소통역량의 네 가지 차원—대인관계기술, 조직 효과성, 문화 불확실성, 문화 공감성—을 규정하고 있다. 본 연구는 이 모형을 이용하여 문화 간 역량을 측정하였다(Matveev & Nelson, 2004).

가설 1(H1): 다문화 조직 구성원들의 문화 간 역량은 다문화 조직의 성과에 긍정적 영향을 미친다.

3.1 대인관계기술(Interpersonal Skill)

대인관계기술 차원에서, 조직 구성원은 서로 다른 문화에서 온 사람들의 의사소통이나 상호작용 유형에서 차이가 있음을 인식하고, 오해를 해결하는 데 유연성을 나타내며, 해외 민족들과 의사소통할 때 편안함을 느낀다. 다문화 조직에서 대인관계 소통을 효과적으로 하기 위해서 조직 구성원들은 의사결정과정에 영향을 미치는 자신들의 문화적 환경을 이해해야 하고 다른 구성원들의 나라, 문화, 언어에 관한 기본적인 지식과 정보를 확보해야 한다. 문화적 이해는 다문화 조직에서 구성원들에게 좀 더 효율적으로 일을 할 수 있게 해 준다. 다른 문화 사람들의 의사결정과 일하는 방식에 대한 다른 접근법은 나쁜 것이 아니라 다른 방식으로 받아들일 수 있게 해 준다. 또한 문화적 이해는 다른 문화의 조직 구성원들의 행동을 좀 더 잘 이해하고, 정확하게 예측하고 해석할 수 있는 중요한 정보를 제공해 준다 (Wiseman et al., 1989). 따라서 대인관계기술은 다문화 조직의 성과에 긍정적으로 기여할 수 있다.

가설 1a(H1a): 문화 간 역량의 대인관계기술은 다문화 조직의 성과에 긍정적 영향을 미친다.

3.2 조직 효과성(Organizational Effectiveness)

조직 효과성 차원은 조직 구성원이 조직목표, 역할, 규범을 이해하고 다문화 조직의 다른 구성원들과 명확하게 소통할 수 있는 능력과 같은 중요한 기술들을 포함한다. 효과적인 조직 구성원들은 조직 업무 프로세스에 참여하여 개별적인 성과와 기여에 대한 건설적인 피드백을 주고받는다. 또 이 구성원들은 해결해야 할 문제를 정의하고 토론하며, 난처한 환경에 효과적으로 대처하고, 새롭게 나타나는 그룹의 요구를 만족시키기 위해 리더십 유형을 변화시키고, 다른 조직 구성원들에 대해 존경과 예의를 나타낸다. 마지막으로 문화 간 역량의 조직 효과성 차원은 조직 구조를 개발하고 지원하는 능력을 포함한다. 이 능력은 조직 구성원들에게 충분한 시간을 함께 보낼 수 있게 하고, 하위 조직을 형성하여 일을 할 수 있도록 하며, 단위 조직으로 효과적이고 협력적으로 함께 일을 하고, 문화 간 상호작용을 할 수 있도록 해 준다(Wheelan, 1999). 따라서 문화 간 역량의 조직 효과성 차원은 다문화 조직의 성과에 기여할 것이다.

가설 1b(H1b): 문화 간 역량의 조직 효과성은 다문화 조직의 성과에 긍정적 영향을 미친다.

3.3 문화 불확실성(Cultural Uncertainty)

문화 불확실성 차원은 조직 구성원이 다문화 상황에서 인내하는 능력, 문화적 차이로 인한 애매함과 불확실성에 대해 인내하는 능력, 그리고 다문화 조직에서 다른 사람들과 유연한 방법으로 일을 하는 능력을 반영한다. 높은 수준의 문화적 불확실성을 갖고 있는 다문화 조직 구성원들은 의사소통과 조직의 역동성에 대한 미래에 대해 걱정하는 경향이 있어 서로 다른 문화의 구성원들과 의사소통과 관련한 높은 수준의 두려움을 갖는 경향이 있다(Hofstede, 1980). 낮은 수준의 문화 불확실성을 갖는 조직 구성원들은 문화 차이에 좀더 개방적이고, 변화와 위험을 기꺼이 받아들인다(Hofstede, 1980).

가설 1c(H1c): 문화 간 역량의 문화 불확실성은 다문화 조직의 성과에 긍정적 영향을 미친다.

3.4 문화 공감성(Cultural Empathy)

마지막으로 문화 공감성 차원에서, 문화적으로 공감하는 조직 구성원은 다른 문화권에서 온 조직 구성원이 하는 것처럼 각자가 세상을 이해하는 것과 같이 행동하는 능력, 다른 문화와 의사소통 유형에 대한 탐구 정신, 다양한 업무 수행 유형의 이해, 다른 문화에서 일을 수행하는 방법이 나쁜 것이 아니라 단순히 다르다고 보는 능력을 갖는다(Koester & Olebe, 1988). 다문화 조직의 구성원들은 다른 문화와 의사소통에 대한 호기심, 다른 업무형태에 대한 이해(Cui & Awa, 1992), 다른 문화에서 일하는 방법을 나쁜 것이 아니라 단순히 다른 것으로 보는 능력이 문화 공감성에 포함된다(Meggison, 1967). 커뮤니케이션 연구자들은 문화 공감성이 문화 간 효과적 의사소통을 위해서 가장 중요한 심리적인 선결 조건임을 제시하고 있다(Kim, 1986).

가설 1d(H1d): 문화 간 역량의 문화적 공감은 다문화 조직의 성과에 긍정적 영향을 미친다.

4. 조직문화 지향성

두 번째 연구문제는 의사소통 행위에 대한 문화적 차이와 문화 간 의사소통 역량의 영향과 관련이 있다. 조직문화는 많은 방법에 있어서 다를 수 있다. 예를 들면, Gudykunst(1997)는 서로 다른 문화를 갖는 조직 구성원들은 의사소통 행위, 정보를 찾고 공개하는 동기, 자기 분류 참여의 필요성 등에서 다를 수 있음을 제시하고 있다.

문화에서 의사소통의 역할을 연구하여, 언어에 의한 메시지와 관계없이 사건 주변의 정보에 의한 문화와 의사소통을 구별하는 Hall (1976, 1989)은 낮은 데서부터 높은 데까지 이르는 연속적인 맥락에서 문화를 보고 있다. 낮은 맥락의 문화는 프로그램화된 낮은 수준의 정보를 사용하여 명시적인 코드나 말이 메시지를 전달하는 맥락을 제시하고 있다. 메시지는 매체를 능가하고, 말은 정보를 전달하며, 의미는 명시적이다. Matveev & Nelson(2004)에 의하면, 사업을 하기 전 사람이나 기업에 대해 상대적으로 적은 정보가 필요한 미국의 일 중심 의사소통은 낮은 맥락의 의사소통의 좋은 예임을 보이고 있다.

높은 수준 맥락에서 문화는 비언어형태의 맥락을 통해 메시지를 전달하고 있다. 이러한 메시지 유형은 물리적 환경과 개인 내면의 가치, 믿음, 규범 등이다(Hall, 1976, 1989). 높은 수준의 맥락에서 문화는 묵시적으로 의미를 공유한다. 청취자는 맥락을 이해하기에 배경에 대한 적은 정보를 필요로 한다. 의사소통과 행위 규칙은 맥락에서 암시적이고 의사소통자들은 사업이 성공적으로 완료되기 전 사람이나 기업에 관한 풍부한 배경정보를 필요로 한다(Marquardt and Horvath, 2001).

놀란(Nolan)은 문화란 한 집단의 세계관, 즉 특정한 사회가 오랜 시일에 걸쳐 창조해낸 세계를 조직하는 법으로 언급하고 있다. 이는 그 구성원들이 자신과 자신의 세계, 그리고 자신이 겪는 경험의 의미를 이해하는 데 영향을 미친다. 문화는 조직의 의사소통에 영향을 미치고 기업에선 성과에도 영향을 미치고 있다. Hofstede(1980)는 다국적 기업인 IBM의 53개국 종업원 10만 명을 대상으로 한 실증조사를 통하여 한 나라의 문화적 성향을 권력 차이(power distance), 불확실성 회피(uncertainty avoidance), 개인주의/집단주의(individualism/collectivism), 남성성/여성성(masculinity/femininity)의 4차원으로 평가하였다. 또한 Hofstede(1991)는 동양의 유교적 가치(Confucian value)를 반영하여 장기 지향성/단기 지향성(long-term/short-term orientation)의 다섯째 차원을 추가하였다. 본 연구는 Hofstede(1980, 1991)가 제시한 차원과 GLOBE project survey(2006)에서 제시한 차원을 결합하여 7가지 문화 지향성 차원—불확실성 회피(uncertainty avoidance), 미래 지향성(future orientation), 권력 차이(power distance), 인간 지향성(human orientation), 성과 지향성(performance orientation), 남성성/여성성, 집단주의(collectivism)—을 제시하였다.

가설 2(H2): 다문화 조직 구성원들의 조직문화 지향성은 다문화 조직의 성과와 다문화 역량에 긍정적 영향을 미친다.

가설 3(H3): 다문화 조직 구성원들의 조직문화 지향성은 다문화 역량에 긍정적으로 영향을 미친다.

4.1 불확실성 회피(Uncertainty Avoidance)

불확실성 회피는 사회 구성원들이 불확실성이나 모호성으로 인해 불안정감을 느끼는 정도를 말한다(Hofstede, 1980). 불확실성을 강하게 회피하는 문화는 불확실성을 회피하기 위해서 명문화된 규칙, 계획, 규제 등을 강화한다. 반면에 약한 불확실성을 회피하는 문화는 좀 더 불확실성에 대해 유연한 태도를 취한다. 이와 같은 문화에서는 진취적이며 열린 사고를 유발하는 교육을 수행한다. 이 문화에서 교육은 정해진 답을 찾기보다는 다양한 변수를 고려하여 답을 찾아가는 과정에 중점을 둔다. 이러한 문화 지향성은 사람들이 질서, 일관성 있는 구조와 법을 추구하는 정도를 의미한다(Javidan and House, 2001). 러시아, 그리스, 베네수엘라와 같은 낮은 불확실성 회피의 문화는 일관성이 낮은 구조이고, 수반되는 규칙과 절차에 관심을 가지고 있지 않다. 반면에 스웨덴, 독일, 미국과 같은 높은 불확실성 회피의 문화를 갖는 나라들은 일관성, 구조화된 생활 습관, 명확하게 명시된 기대를 선호한다. 중국은 불확실성 회피에 높은 점수를 갖는 반면, 미국은 불확실성 회피에 낮은 점수를 보이고 있다(Hofstede, 2007). 중국인의 불확실성 회피 선호 때문에 중국은 계층적 제도를 지지하는 경향이 있다. 반면에 미국 사회는 위험에 안정성을 추구하기 때문에 개인적인 독창성을 중요시한다(Hofstede 1997; Freeman, 2004).

일반적으로 불확실성은 서로 다른 문화권의 사람들 간 사업 관련 회의와 같은 모든 문화 간 상호작용의 초기 단계 동안 나타나고 국제 사업관계의 후기 단계 동안에 나타날 수 있다. 따라서 다른 문화권의 사람이 어떻게 행동할 것인지의 예측 능력과 타 문화 사람들의 행동을 설명할 수 있는 능력을 개발하여 불확실성을 줄이는 것은 다문화 조직의 효과적 기능을 위한 핵심요인들 중의 하나이다(Berger and Calabrese, 1975). 따라서 조직의 불확실성 회피 지향 문화는 다문화 조직성과와 다문화 역량에 긍정적인 영향을 미치고 있다는 가설을 설정할 수 있다.

가설 2a(H2a): 조직의 문화 지향성에서 불확실성 회피가 높은 문화는 다문화 조직의 성과에 긍정적 영향을 미친다.

가설 3a(H3a): 조직의 문화 지향성에서 불확실성 회피가 낮은 문화는 문화 간 역량에 긍정적 영향을 미친다.

4.2 미래 지향성(Future Orientation)

미래를 지향하는 문화는 미래 환경을 그리고, 미래 목표 상태를 형상화거나, 목표를 성취하고자 하는 강한 역량과 의지로 표현된다. 낮은 미래 지향적 문화(높은 현재 지향적 문화)는 즉흥적이고 순간을 즐기는 능력을 보여준다. 이런 문화는 과거와 미래에 대해서 자유롭고, 쾌락적인 즐거움을 추구하기도 한다. 요약하면, 높은 미래 지향적 문화는 삶의 질을 높이고 자기 통제를 유지하는 능력을 보이고 있는 반면, 현재 지향적인 문화는 생활을 단순화하고 다른 사람을 보다 의지하고자 한다(Keough, et al., 1999). 따라서 미래 지향성 문화는 사회나 조직의 구성원들이 자신의 현재 행위가 미래에 영향을 미쳐 투자를 할 것이라고 믿는 정도, 중요한 미래를 갖게 될 것으로 믿는 정도, 미래 개발을 위해 계획하는 것을 믿는 정도, 현재 행위의 영향을 평가하기 위해 미래를 바라보는 정도 등을 의미한다. 따라서 높은 미래 지향성 문화는 다문화 조직성과와 다문화 역량에 긍정적인 영향을 미치고 있다는 가설을 설정할 수 있다.

가설 2b(H2b): 조직의 문화 지향성에서 높은 미래 지향성 문화는 다문화 조직의 성과에 긍정적 영향을 미친다.

가설 3b(H3b): 조직의 문화 지향성에서 높은 미래 지향성 문화는 문화 간 역량에 긍정적 영향을 미친다.

4.3 권력 차이(Power Distance)

권력 차이는 사회 구성원들이 불평등하게 분포되어 있는 권력을 수용하는 정도를 의미한다(Hofstede 1984; Freeman 2004). 다시 말해서, 사회 구성원들이 지니고 있는 권력 간에 존재하고 있는 거리감을 의미한다. 권력 차이가 크다는 것은 두 사회 구성원이 상당히 떨어져 있다는 것을 의미한다. 이것은 공동체가 권력, 권위, 명성, 신분, 부와 물질 소유에 따라 공동체의 개인이나 집단을 계층화하는 방법을 결정한다(Javidan and House, 2001). 낮은 권력 차이 문화는 협의, 참여, 협력, 현실성을 선호하는 반면, 높은 권력 차이 문화는 독점적이거나 다수결 원칙의 의사결정을 선호하여 서로 신뢰하는 것을 꺼린다. 권력 차이가 큰 문화는 중앙집권화된 조직으로 지위와 계급을 중요시한다. 반면에 낮은 권력 차이를 나타내는 국가에서는 상급자와 하급자가 잘 어울리며 일반적으로 계급 조직은 편의상 있는 것으로 여긴다. 덴마크(Denmark), 네덜란드(Netherlands), 미국(United States)과 같이 권력 차이가 낮은 문화의 나라들은 좀 더 평등주의를 취하는 경향이 있으며 참여적인 의사결정을 선호한다. 반면에 러시아(Russia), 태국(Thailand), 스페인(Spain), 중국(China)과 같이 권력 차이가 높은 문화의 나라들은 신분과 권력을 가진 사람과 없는 사람 간 차이를 구별한다(Hofstede, 2007). 다문화 조직 구성원들은 권력 차이에 있어서 유의하게 차이가 있을 때, 구성원 모두가 받아들일 수 있는 의사소통 및 리더십 유형을 개발하는 데 어려움이 발생할 수 있다(Bantz, 1993).

가설 2c(H2c): 조직의 문화 지향성에서 권력 차이가 낮은 문화는 다문화 조직의 성과에 긍정적 영향을 미친다.

가설 3c(H3c): 조직의 문화 지향성에서 권력 차이가 낮은 문화는 문화 간 역량에 긍정적 영향을 미친다.

4.4 인간 지향성(Human Orientation)

인간 지향성 문화는 조직이나 사회가 개개인들에게 공정성, 이타적 행위, 우호적 행위, 자비, 봉사, 친절에 대해 격려하거나 보상하는 정도를 의미한다(House, et al., 1999). 이는 Hofstede & Bond(1988)의 관대함(Heartedness) 차원과 유사하다. 이 차원은 사람들이 다른 사람들을 대하는 방법에서 드러난다.

따라서 우리는 높은 인간 지향성 문화는 다문화 조직성과와 다문화 역량에 긍정적인 영향을 미치고 있다는 가설을 설정할 수 있다.

가설 2d(H2d): 조직의 문화 지향성에서 높은 인간 지향성 문화는 다문화 조직의 성과에 긍정적 영향을 미친다.

가설 3d(H3d): 조직의 문화 지향성에서 높은 인간 지향성 문화는 문화 간 역량에 긍정적 영향을 미친다.

4.5 성과 지향성(Performance Orientation)

성과 지향성은 문화가 성과 향상이나 우수성에 대해 다문화 조직의 구성원들에게 보상하는 정도를 의미한다(Javidan and House, 2001). Hofstede(1980)의 남성성과 여성성 문화 차원과 동일한 방법에서 러시아, 이탈리아, 아르헨티나와 같은 낮은 성과 지향 문화의 나라들은 전통, 충성도, 소속감, 가족 등에 가치를 두는 반면, 싱가포르, 홍콩, 미국과 같은 높은 성과 지향 문화의 국가는 성과, 훈련, 개발, 개선 등에 가치를 둔다. Bantz(1993)에 따르면, 미국인과 러시아인으로 구성된 다문화 조직은 협조, 우정, 집단 대 개인의 의사결정에 대한 기대가 다르기 때문에 조직 규범을 개발하는 데 문제에 봉착할 수 있음을 제시하였다. 미국과 러시아 사람들은 문화 지향성에서 다를 뿐만 아니라(Hofstede, 1980; Hall, 1989; Javidan and House, 2001), 적절한 의사소통 행위에 서로 다른 정의를 가지고 있다. 따라서 우리는 높은 성과 지향성 문화가 다문화 조직성과와 다문화 역량에 긍정적인 영향을 미치고 있다는 가설을 설정할 수 있다.

가설 2e(H2e): 조직의 문화 지향성에서 높은 성과 지향성 문화는 다문화 조직의 성과에 긍정적 영향을 미친다.

가설 3e(H3e): 조직의 문화 지향성에서 높은 성과 지향성 문화는 문화 간 역량에 긍정적 영향을 미친다.

4.6 남성성/여성성 문화 지향성(Masculinity/Feminity)

남성성/여성성(Hofstede, 1980, 1998, 2001) 문화 지향성은 사회・문

화의 두 가지 독특한 면을 포함하고 있다. 한 측면은 각각이 강조하는 정도에서 남성성과 여성성 간 차이의 반영으로 자기주장, 성공, 경쟁과 같은 강한 남성적인 가치와 양육과 결속과 같은 부드럽고 여성적인 가치를 나타내는 정도이다. 사회의 남성적 혹은 여성적 가치의 강조는 다양한 방법에서 드러나고 있다. 예를 들면, 남성적인 문화는 경영의 남성적 유형과 성취동기에서 높은 점수를 보이고 있고, 결속보다는 개별적 성취, 협력보다는 대립, 도덕적 의무보다는 독립적인 사고에 가치를 두고 있는 것으로 나타났다. 남성성/여성성의 또 다른 측면은 남성과 여성에 대해 적합한 행동에 대한 믿음으로 남성성과 여성성 간 차이의 반영이다. 남성성 문화에서 남성은 자기주장이 강한 반면, 여성은 순수하고 부드러움을 보인다.

요약하면, 남성성은 성취, 영웅주의, 독단주의, 그리고 물질적 성공의 정도를 의미한다(Hofstede, 1984). 남성성을 강조하는 문화에서 남성들은 자기주장이 강하고 경쟁적이며 세차고 빠른 것을 좋아한다. 남성성이 강한 문화에서는 성별 역할의 구분이 뚜렷하다. 반면에, 여성성을 강조하는 문화에서는 돌봄/양육을 중요시한다. 따라서 높은 남성성 지향 문화는 다문화 조직성과에, 높은 여성성 지향 문화는 다문화 역량에 긍정적인 영향을 미치고 있다는 가설을 설정할 수 있다.

가설 2f(H2f): 조직의 문화 지향성에서 높은 남성 지향성 문화는 다문화 조직의 성과에 긍정적 영향을 미친다.

가설 3f(H3f): 조직의 문화 지향성에서 높은 여성 지향성 문화는 문화 간 역량에 긍정적 영향을 미친다.

4.7 집단주의(Collectivism)

Hofstede and Bond(1988)는 22개국에 대한 개별적인 실증조사를 통해 문화에 따른 개인주의와 집단주의가 존재하고 있음을 보였다. 개인주의 문화에서는 개인의 고유함, 권리 등이 중요시되는 반면, 집단주의 문화에서는 개인보다는 집단의 조화와 유대를 더욱 강조한다.

개인주의와 집단주의 지향은 문화가 개인적인 목표(individualism) 혹은 집단적인 목표(collectivism)에 가치를 두고 있는지를 나타낸다 (Hofstede, 1980). 이 지향성은 어떤 문화권에 있는 사람들이 조직이나 사회 내에서 집단으로 통합하는 것을 권장하는 정도를 반영한다 (Javidan and House, 2001). 집단주의적인 문화는 조직에 좀 더 감정적인 종속성을 보이며, 질서정연하고 전통적이며 조직 지향적이고 배타적인 문화에 잘 따르는 성향이 있다. 미국, 독일, 헝가리와 같은 개인주의 지향 문화는 자율성, 자기이익 추구, 성과에 가치를 두는 반면에, 일본, 스웨덴, 러시아와 같은 집단주의 지향 문화는 집단의 조화, 협력, 만족에 가치를 둔다. 다문화 조직 구성원들의 개인주의와 집단주의 지향에서 차이가 있는 조직은 조직의 역할과 규범을 개발하는 데 문제에 직면할 수 있다. 이는 조직과 개인의 책임에 대한 이해가 다르기 때문이다(Bantz, 1993).

Hofstede(2007)는 개인주의와 집단주의 존재가 미국과 중국에서 서로 다르게 나타나고 있음을 예시하고 있다. 미국은 개인에 집중하는 개인주의에 높은 점수를, 중국은 집단에 집중하는 집단주의에 높은 점수를 보이고 있음을 입증하였다. 중국은 태어날 때부터 시작하여 자신들의 생애 동안 계속되는 강하게 응집된 집단 성향을 나타내고 있다(Hofstede, 2007). 집단의 구성원들은 서로 도와주고, 높은 수준의 신뢰를 가지며, 집단 내에서 조화를 향상시키기 위해 노력한다. 이 집단 구성원이 아닌 사람들은 의심과 신뢰의 결여를 보이고 있다(Hofstede, 1980). 한편 개인주의적 사회는 집단의 목표 추구보다는 개인의 목표를 추구하는 개인의 자유에 중점을 두고 개인을 강조하고 있다. 따라서 조직의 개인주의와 집단주의는 다문화 조직성과와 다문화 역량에 긍정적인 영향을 미치고 있다는 가설을 설정할 수 있다.

가설 2g(H2g): 조직의 문화 지향성에서 집단주의가 높은 문화(낮은 개인주의 문화)는 다문화 조직의 성과에 긍정적 영향을 미친다.

가설 3g(H3g): 조직의 문화 지향성에서 집단주의가 낮은 문화(높은 개인주의 문화)는 문화 간 역량에 긍정적 영향을 미친다.

5. 문화 간 역량의 매개 효과

매개변수(mediator variable, mediation variable)는 독립변수와 종속변수의 연결고리 역할을 하는 변수이다. 매개변수는 독립변수의 결과이면서 동시에 종속변인의 원인이 되는 변수이다. 매개변수는 독립변수와 종속변수의 관계 이면에 숨어 있는 인과적 구조를 이해하고자 할 때 이용한다. 매개변수가 통계적으로 유의하게 독립변수와 종속변수를 연결하려면 다음과 같은 네 가지 조건을 만족시켜야 한다. (1) 독립변수와 종속변인의 관계(t)가 유의해야 한다. (2) 독립변수와 매개변수의 관계(a)가 유의해야 한다. (3) 매개변수와 종속변수의 관계(b)가 유의해야 한다. (4) 매개변수가 추가된 모형에서의 독립변수 효과

(c)가 매개변수가 없는 모형에서의 독립변수 효과(t)보다 작아야 한다. 즉, c<t이어야 한다.

유의한 매개변수가 존재한다면, 독립변수가 종속변수에 주는 영향은 직접 효과(direct effect)와 간접 효과(indirect effect)로 나뉘진다. 직접 효과(c)는 매개변수가 존재함에도 불구하고 매개변수를 거치지 않고 종속변수에 영향을 주는 것이고, 간접 효과(a×b)는 매개변수를 통해 종속변수에 영향을 주는 것이다. 이 간접 효과를 매개 효과라고 한다. 직접 효과와 간접 효과를 합한 값을 총 효과 또는 전체 효과(total effect)라고 하는데, 이것은 매개변수를 고려하지 않았을 때의 독립변수가 종속변수에 주는 영향(t)과 같다.

이때 매개변수가 추가된 모형에서의 독립변수가 종속변수에 미치는 효과(c)가 0에 가깝다면 매개 효과는 완전하다고 할 수 있는데, 이것을 완전 매개(full mediation, complete mediation)라고 한다. 한편 매개변수가 추가된 모형에서 독립변수가 종속변수에 미치는 효과(c)가 여전히 통계적으로 유의한 값이면서 매개변수가 없는 모형에서 독립변수 효과(t)보다 작고, 독립변수와 매개변수의 관계(a)와 매개변수와 종속변수와의 관계(b)가 유의하다면 매개 효과는 부분적이라고 할 수 있다. 이것을 부분 매개(partial mediation)라고 한다.

억제 효과(suppressor effect)는 매개변수와 같이 새로운 변수가 포함되었을 때 독립변수의 종속변수에 대한 영향이 증가하는 것을 말한다. 매개 효과와 관련해서는 유의한 매개변수가 존재할 조건 중 첫 번째를 만족하지 않더라도, 즉 독립변수와 종속변수의 관계가 유의하지 않더라도 매개변수를 통한 독립변수의 매개 효과가 유의할 수 있는 경우를 설명할 수 있다. 간접 효과(a×b)와 직접 효과(c)의 부호가 반대일 경우에 억제 효과가 나타날 수 있다.

매개 효과를 검증하는 데 가장 널리 쓰이는 방법에는 회귀분석을 이용하는 방법과 구조 방정식(SEM)을 이용하는 방법이 있다. 회귀분석은 매개변수가 측정오차를 가지고 있을 경우, 매개 효과를 검증하지 못할 수 있다. 따라서 매개변수가 측정오차를 포함하고 있을 가능성이 높으면 구조방정식을 이용할 것을 권장하고 있다. 또 일반적으로 독립변수나 매개변수, 종속변수가 둘 이상의 측정방법을 가지고 있는 잠재변수일 경우는 구조방정식을 이용하고 있다.

다문화 조직에서 필요한 작업을 효과적으로 수행하기 위한 개인의 능력인 다문화 역량은 다문화 관리인 조직의 문화 지향성이 다문화 조직성과에 영향을 미치는 데 간접 영향을 미칠 수 있다. 이에 우리는 다음과 같은 연구가설을 설정하였다.

가설 4(H4): 다문화 조직 구성원들의 다문화 역량은 조직의 문화 지향성과 다문화 조직성의 관계에 매개 효과가 있다.

VII. 분석방법

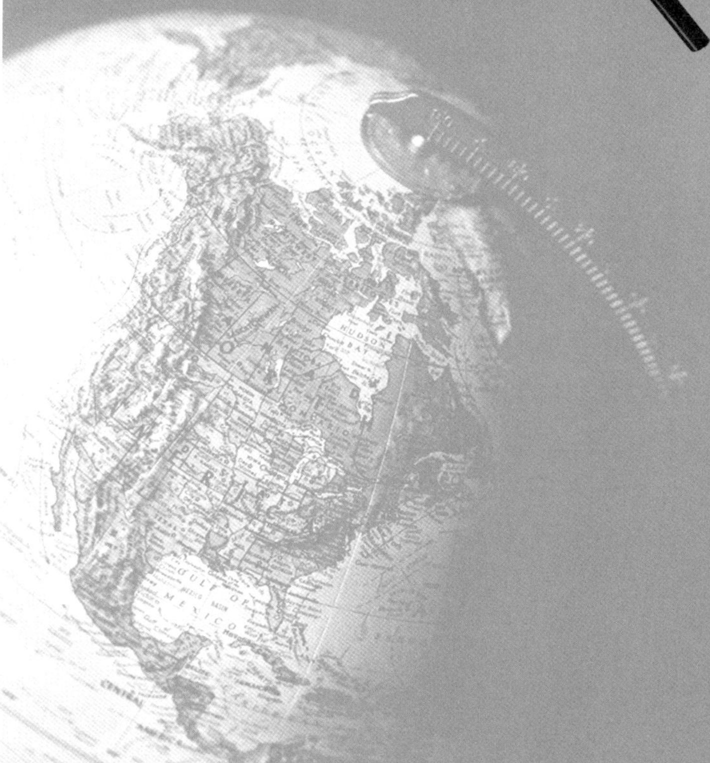

VII. 분석방법

본 연구의 분석방법은 문화 지향성과 다문화 역량이 조직성과에 미치는 영향을 파악하는 것으로 경로분석에 해당된다. 이 경로분석은 당초 제안한 위계적 선형 모형보다는 구조방정식 모형에 의해 분석하는 것이 적합하다고 판단되어 구조방정식 모형인 PLS(Partial Least Squares) 모형을 이용하였다. 따라서 이 장에 PLS 모형을 간략하게 소개하였다.

잠재변수와 함께 구조방정식 모형의 등장은 경영분야에서 연구의 본질을 변화시켰다. 연구자들은 이 모형을 이용하여 측정 모형과 구조 모형을 구분하고 측정오차를 명확하게 설명하고 있다. 구조방정식 모형은 측정도구를 확인하고 구성 간 연결을 검정하는 데 유용한 도구가 되었다(Gefen, Straub, and Boudreau, 2000). 이러한 구조방정식 모형은 두 부류로 구분된다. 하나는 공분산기반 구조방정식 모형이고, 다른 하나는 분산기반 구조방정식 모형인 PLS(Partial Least Squares)가 가장 대표적이다. 많은 연구자들이 최근에 전략 경영(Hulland, 1999), 경영정보 시스템(Dibbern, Goles, Hirschheim, & Jayatilaka, 2004; Wetzels, Odekerken=Schroder, & Oppen, 2009; Rai, Patnaykuni, & Seth, 2006), e-비즈니스(Pavlou & Chai, 2002), 조직 행동(Higgins, Duxbury, & Irving,

1992), 마케팅(Reinartz, Krafft, & Hoyer, 2004), 그리고 소비자 행동(Fornell & Robinson, 1983) 같은 다양한 학문분야에서 PLS를 사용하고 있다. 1987년 이후로 최근 6년 동안 PLS를 사용한 논문들이 최고 5위 이상의 학술지에 발표되고 있다(Eggert, 2007). PLS 방법론은 독특한 PLS의 특징으로 인해 실증 연구로 지속적으로 사용이 증가하고 있는 연구방법이다. 그럼에도 불구하고 우리나라에선 아직 PLS를 어떻게 적용하고 결과를 어떻게 분석해야 하는지에 대한 논문이 거의 없는 실정이다.

1. PLS 모형의 정의

PLS 모형은 처음으로 낮은 구조 환경에서 고차원의 데이터 분석을 위하여 Wold(1974, 1982, 1985)에 의해 제안된 이후로 다양한 확장과 수정이 이루어져 왔다(Lohmoller, 1989).

PLS 모형은 형식적으로 Inner 모형(구조 모형, Structural Model)과 outer 모형(측정 모형, Measurement Model)의 두 가지 선형방정식 집합에 의해 정의된다. Inner 모형은 관측되지 않은 혹은 잠재변수 간 관계를 보여주는 반면, Outer 모형은 잠재변수와 관측 혹은 측정변수들 간 관계를 보여준다. 공분산기반 구조방정식 모형에서 사용하는 용어인 구조 모형 혹은 측정 모형이다. 〈그림 7-1〉은 PLS 모형의 전형적인 예를 보여주고 있다.

잠재변수들 간의 관계에 대한 Inner 모형은 다음과 같이 표현할 수 있다.

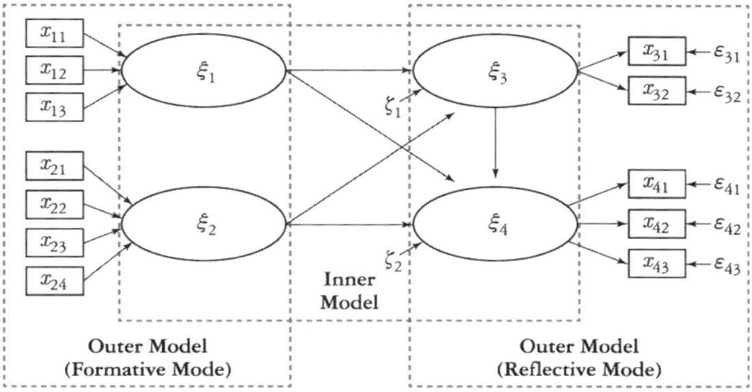

〈그림 7-1〉 PLS 모형의 예

$$\xi = B\xi + \zeta \tag{1}$$

여기에서 ξ는 잠재변수 벡터를, B는 관계의 계수 행렬을, ζ는 Inner 모형의 오차를 나타낸다. 기본적인 PLS 모형은 독립변수에 종속된 순환적인 Inner 모형을 가정하고 있다. 따라서 Inner 모형은 인과관계 시스템으로 구성된다. 방정식 (1)은 다음의 방정식 (2)로 축약될 수 있다.

$$(\xi \mid \xi) = B\xi \tag{2}$$

PLS 모형은 두 개의 다른 Outer 모형을 가지고 있다. 하나는 모형 A라 불리는 반영적(reflective) 측정 모형이고 다른 하나는 모형 B라 불리는 조형적(formative) 측정 모형이다. 어느 모형을 사용하느냐는 이론적 배경에 따라 다르다. 반영적 모드는 블록에서 잠재변수로부터 측정변수로의 인과관계를 갖는다. 측정 모형에서 각 측정변수(x)는 잠재변수(ξ)와 그 오차(ϵ)의 선형함수로 생성되는 것을 가정하고 있다.

$$X_x = \Lambda_x \zeta + \epsilon_x \tag{3}$$

여기서 Λ는 적재계수(loading coefficient)를 의미한다. Outer의 관계는 독립변수에 종속적이다. 이는 동일 블록 내에서 Outer의 오차와 잠재변수 간 상관관계가 없다는 것을 의미한다. 따라서 식 (3)은 다음과 같이 나타낼 수 있다.

$$(X_x \mid \xi) = \Lambda \xi \tag{4}$$

측정 모형의 조형적 모드는 측정변수로부터 잠재변수로의 인과관계를 나타낸다. 이 블록들에 대한 선형 관계가 다음과 같이 주어진다.

$$\xi = \Pi_x X_x + \epsilon_x \tag{5}$$

조형적 모드에서 독립변수는 효력이 있어서 다음과 같은 식 (6)으로 나타낼 수 있다.

$$(\xi \mid X_x) = \Pi_x X_x \tag{6}$$

이와 같이 PLS 모형이 완료된 후 수행되는 알고리즘은 가중치 벡터 의미에서 본질적으로 연속적인 회귀분석에 의해 수행된다. 다음은 Lohmoller(1989)가 제시한 3단계 PLS 알고리즘이다. 첫째 단계는 잠재변수 값을 반복적으로 예측하는 것이다. 수렴한 값을 얻을 때까지 반복되는 3단계에 의해 수행된다. (1) 잠재변수 값의 Outer 근사값, (2) Inner 가중치 추정, (3) 잠재변수 값의 Inner 근사값, 그리고 (4) Outer 가중치 추정을 한다. 둘째 단계는 Outer의 가중치, 적재값, 그리고 경로계수의 값을 추정하는 단계이다. 마지막 셋째 단계는 지역 모수의 추정이다.

2. PLS 모형의 특징

다양한 문헌들을 기반으로 PLS 모형의 특징을 4가지로 요약할 수 있다. 첫째로 PLS 모형은 반영적 측정 모형과 조형적 측정 모형 모두에 사용 가능하다(Diamantopoulos & Winklhofer, 2001). 둘째로 샘플 크기가 작을 경우에도 경로 모형을 추정하는 데 사용할 수 있다(Chin & Newsted, 1999). 셋째로 PLS 모형은 추정문제와 상관없이 많은 잠재 및 측정변수로 구성된 복잡한 모형도 가능하다(Wold, 1985). PLS 경로 모형은 부적절한 결과나 수렴하지 않은 결과가 발생할 때 공분산기반 구조방정식 모형보다 수학적으로 유리하다(Krijnen, Dijkstra, & Gill, 1998). 넷째로 PLS 모형은 데이터의 분포가 높게 왜도되었을 때(skewed), 그리고 측정 데이터의 독립성이 확보되지 않았을 때에도 사용 가능하다. 공분산기반 모형(ML, GLS, ULS)과 분산기반 모형인 PLS 모형 중 어느 모형이 좋은지는 연구 모형의 상황에 따라 다를 수 있다. Wold(1974)가 처음 PLS를 도입할 시는 공분산기반 모형의 보완적 모형로 개발하였다. Joreskog(1982)에 따르면 공분산기반 구조방

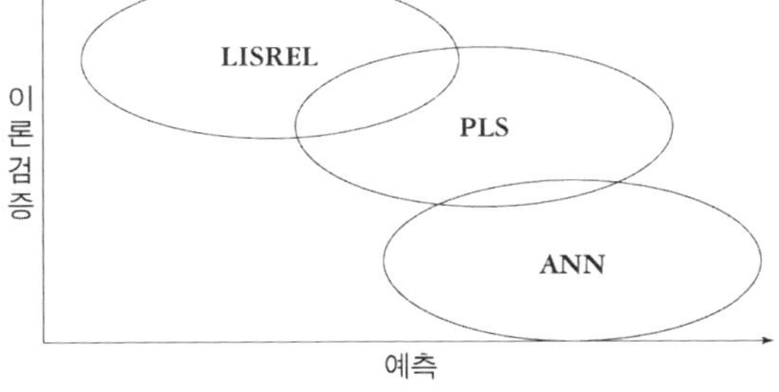

〈그림 7-2〉 PLS 모형의 위치

정식 모형은 이론 지향적이고 탐색적 분석보다는 확인적 분석을 강조한다. 반면에 PLS 모형은 복잡한 상황에서 인과관계에 의한 예측분석과 낮은 이론적 배경을 갖는 연구 모형을 지향한다. 두 접근법 간의 철학적인 차이점은 이론 검정 및 개발을 할 경우는 공분산기반 구조방정식 모형을, 이론적으로 빈약한 배경에서 예측을 목적으로 할 경우는 PLS 모형을 이용하는 것이 대체적으로 적합하다(〈그림 7-2〉 참조).

3. PLS 모형의 평가

PLS 경로 모형은 공분산기반의 모형처럼 글로벌 적합도 기준을 제공하지 않는다. 다만 Chin(1998)은 PLS 구성을 평가하는 기준들을 제시해 주고 있는데, 이 기준들은 두 단계에 걸쳐 체계적 적용에 의해 평가 방안을 제시해 주고 있다. 두 단계는 (1) Outer 모형의 평가(측정 모형의 평가)와 (2) Inner 모형의 평가(구조 모형의 평가)로 이루어진다(〈그림 7-3〉 참조).

(1) 반영적 측정 모형 평가

반영적 측정 모형은 신뢰성과 타당성에 의해 평가한다. 확인해야 할 첫 번째 기준은 내적 일관성에 대한 신뢰성 평가이다. 내적 일관성에 대한 전통적인 기준은 크론바 알파(Cronbach α)(Cronbach, 1951) 값이다. 이 값은 측정 문항 간 상관관계를 기반으로 한 신뢰도에 대

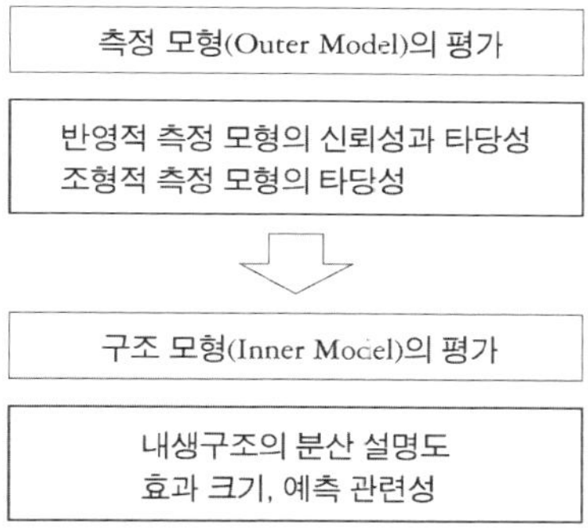

〈그림 7-3〉 PLS 모형 평가 단계

한 추정값을 제공해 준다. 크론바 알파 값은 모든 측정 문항이 동일한 신뢰성이 있다고 가정하고 있다. 하지만 PLS는 신뢰성에 따라 우선순위를 정하여 좀 더 신뢰할 만한 복합적인 측정지표를 제공한다. 전통적인 크론바 알파 값은 PLS 모형에서 잠재변수들의 내적 일관성에 대한 신뢰성의 과소추정 값을 제시하는 경향이 있기 때문에, PLS 모형이 복합 신뢰성(Composite Reliability, CR)의 다른 측정값을 제시하는 것이 더 적절하다고 볼 수 있다(Werts, Linn, & Joreskog, 1974). CR은 측정 항목들이 서로 다른 적재값을 가지는 것을 고려한 것으로 크론바 알파와 같은 방식으로 해석한다. 일반적으로 연구 초기 단계에서는 0.7 이상, 그리고 연구 후반부에서는 0.8 혹은 0.9 이상의 값을 가져야 내적 일관성이 있다고 평가할 수 있다(Nunnally & Bernstein, 1994). 반면에 0.6 이하는 신뢰성이 결여되어 있음을 의미한다.

측정문항의 신뢰성이 변하기 때문에, 각 측정문항에 대한 신뢰성도 평가해야 한다. 대부분의 연구자들은 잠재변수가 각 측정항목의 분산의 상당부분을 설명(보통 50% 이상)해야 한다고 가정한다. 즉 잠재변수와 그것의 각 측정변수 간 절대 상관관계는 0.7 이상이어야 한다

(0.5의 제곱근). Churchill(1979)과 같은 연구자들은 측정문항의 표준화 적재값이 0.4 이하이면 그 반영적 문항은 제거해야 한다고 주장하였다. 그러나 일관성에 대한 PLS의 특성을 고려할 때 측정문항을 제거하는 것은 주의해야 한다. 측정항목의 신뢰도가 낮아 이 항목을 제거했을 시 CR 값의 실질적인 증가를 가져올 경우 이 항목을 제거해야 한다.

다음은 측정 모형의 타당성 평가이다. 타당성 평가는 보통 수렴(집중) 타당성(convergent validity)과 판별 타당성(discriminant validity)에 의해 수행된다. 우선 수렴 타당성은 측정항목들이 그들의 단일 차원성(unidimensionality)으로 표현될 수 있어야 함을 의미한다. Fornell and Larcker(1981)는 수렴 타당성 기준으로 평균분산추출(Average Variance Extracted, AVE)의 사용을 제시하였다. 0.5 이상의 AVE 값은 충분한 수렴 타당성을 의미하고, 이는 잠재변수가 평균적으로 그 측정문항의 분산의 절반 이상을 설명할 수 있다는 것을 의미한다(Gotz, Liehr-Gobbers, & Krafft, 2009).

판별 타당성은 수렴 타당성의 보완적 개념이라 할 수 있다. 개념적으로 다른 두 가지 개념이 충분히 차이가 있음을 보이는 것을 의미한다. PLS 모형에서 두 개의 판별 타당성 기준이 제시되고 있는데, 하나는 Fornell-Larcker 기준이고, 다른 하나는 교차 적재값(cross-loadings)이다. Fornell-Larcker 기준(Fornell & Larcker, 1981)은 잠재변수가 그에 할당되지 않은 측정문항보다 할당된 측정문항과 더 많은 분산을 공유해야 판별 타당성이 있음을 주장하였다. 통계적 의미에서, 각 잠재변수의 AVE의 제곱근의 값은 다른 잠재변수와의 상관관계보다 커야 판별 타당성이 있다. 판별 타당성의 두 번째 기준은 각 측정항목의 적재값은 모든 교차 적재값보다 커야 한다(Chin, 1998; Gotz et al.,

〈표 7-1〉 측정 모형 평가지표

기준	수용 기준
복합 신뢰성(CR)	내적 일관성 측정으로 0.7 이상
측정항목 신뢰성	절대 표준 성분(outer) 적재값이 0.7 이상
평균분산추출(AVE)	0.5 이상
Fornell & Larcker 기준	잠재변수의 AVE의 제곱근의 값은 다른 잠재변수와의 상관관계보다 커야 한다.
교차 적재값(cross-loading)	각 측정항목의 적재값은 모든 교차 적재값보다 커야 한다.

2009)는 것이다. Fornell-Larcker 기준은 잠재변수 수준에서 판별 타당성을 평가하지만, 교차 적재값은 측정문항 수준에서 평가를 제공하고 있다.

요약하면, 잠재변수의 신뢰성과 타당성이 확보된 반영적 측정 모형은 〈표 7-1〉에 정리한 모든 기준을 만족해야 한다. 만족하지 않는다면 연구자는 특정 측정 모형로부터 측정문항의 제거를 통해 결국 경로 모형을 개선해야 한다.

(2) 조형적 측정 모형 평가

전통적이고 고전적인 신뢰성과 타당성 평가 기준은 조형적 측정 모형에는 적합하지 않다(Bollen, 1989; Bagozzi, 1994). 이러한 이유로 Rossiter(2002)는 우선 조형적 측정문항에 대한 타당성 평가에 이론적 근거와 전문가 의견을 사용해야 함을 주장하였다. 두 번째로 조형적 잠재변수의 타당성 평가는 두 개의 수준—잠재변수 수준과 측정문항 수준—에서 통계적 분석에 의해 수행해야 한다. 우선 잠재변수 수준에서 첫 번째의 평가 기준은 이해(mcnological) 타당성이다. 이 기준은 선행 연구에서 충분히 언급된 조형적 측정변수와 다른 잠재변수 간 경로가 강한 유의성이 있어야 함을 의미한다.

측정변수에 의해 나타나지 않는 잠재변수의 오차의 크기는 동일 구성의 조형적 측정지표를 반영적 측정지표로 투영하는 방법에 의한 외적 타당성을 평가한다. 오차의 분산 ν는 다음과 같은 식에 의해 결정된다.

$$Var(v) = 1 - \frac{\gamma^2}{rel(\xi)} \tag{7}$$

여기서 ξ는 반영적 측정변수를 의미하고, γ는 모형 구성에 대한 조형적 측정변수와 반영적 측정변수 간 상관관계, 즉 표준화 회귀계수를 의미한다. 이 식의 비율은 반영적 측정 모형의 불완전한 신뢰성의 교정을 포함한다. 결국 외적 타당성(external validity)은 $1 - Var(\nu)$에 의해 계산할 수 있다. 일반적으로 외적 타당성에 대한 임계치는 주어지지 않았지만 0.8 이상의 값을 가지면 타당성이 인정되는 것으로 볼 수 있다. 이는 조형적 측정지표가 의도한 의미의 약 80%를 설명하고 있음을 의미한다.

두 번째로 측정지표 수준에서 각 측정지표가 의도한 의미를 전달하여 조형적 측정지표에 얼마나 기여하고 있는지를 평가하는 것이다. 이를 위한 평가 기준은 추정한 측정변수의 가중치에 대한 유의성 검정과 다중공선성의 측정에 의해 수행된다. 측정변수의 추정된 가중치의 유의성 검정은 PLS 모형의 Bootstrapping 방법에 의해 할 수 있다(Davison & Hinkley, 2003; Chin, 1998; Tenenhaus et al., 2005). 조형적 측정변수 간 다중공선성(multicollinearity)은 VIF(Variance Inflation Factor) 혹은 허용치(tolerance) 값에 의해 평가한다. 10 이상의 VIF는 심각한 다중공선성의 문제를 갖고 있음을 나타낸다. 여기서 주의해야 할 점은 단지 통계적 결과만을 기반으로 조형적 측정변수들을 무시해서는

〈표 7-2〉 조형적 측정 모형의 평가지표

기준	수용 기준
Nomological 타당성	조형적 측정변수와 다른 잠재변수 간·경로 간 강한 유의성
외적 타당성	$1 - Var(\nu)$
가중치의 유의성	조형적 측정 모형의 추정 가중치는 유의해야 한다.
다중공선성	VIF<10

안 된다는 것이다. 이것은 실제적으로 조형적 측정변수의 내용을 변화시킬 수 있기 때문이다. 〈표 7-2〉에서는 조형적 측정 모형에 대한 평가 기준을 요약하여 보여주고 있다.

(3) 구조 모형 평가

신뢰성과 타당성이 확보된 측정 모형의 추정치는 구조 경로 모형의 평가를 할 수 있음을 의미한다. 〈표 7-3〉은 구조 모형의 전형적인 측정지표를 보여주고 있다. 이 평가지표 중 핵심적 기준은 내생 잠재변수의 결정계수(R^2) 값이다. Chin(1998)은 PLS 모형의 R^2 값을 0.67(강함), 0.33(중간), 0.19(약함)로 제시하고 있다. 구조 경로 모형에서 내생(endogeneous) 잠재변수가 하나 이상의 외생(exogenous) 잠

〈표 7-3〉 구조 모형의 평가 기준

기준	수용 기준
결정계수(R^2) 값	0.67(강함), 0.33(중간), 0.19(약함)
경로계수의 추정	경로관계의 추정값은 방향성, 크기, 유의성에 의해 평가해야 한다.
효과 크기	0.02(약함), 0.15(중간), 0.35(강함)
Stone-Geisser's Q^2	0보다 커야 한다.
GoF	0.31(소), 0.41(중), 0.58(대)

재변수에 의해 설명된다면 중간(0.33)의 R^2은 수용할 수 있다. 그러나 내생 잠재변수가 많은 외생 잠재변수에 종속적일 경우는 R^2 값이 최소한 0.67(강함) 이상의 수준을 나타내야 수용 가능하다. 이 값이 적다는 의미는 이론적 뒷받침이 부족하여 그 모형이 내생 잠재변수를 설명할 수 없음을 의미한다.

PLS 구조 모형의 개별적인 경로계수는 OLS(Ordinary Least Squares)의 표준화 계수(β)로 해석할 수 있다. 구조 경로의 음·양의 표시는 이론적으로 가정한 잠재변수 간 관계의 부분적인 실증 타당성을 제공해 준다. 기대와 반대되는 음·양의 표시를 갖는 경로는 사전에 설정한 가설을 지지하지 않음을 보여준다. 경로계수와 통계 추론의 신뢰구간을 결정하기 위해서 PLS 모형은 부츠트래핑(Bootstrapping)과 같은 리샘플링(resampling) 기법을 사용한다(Tenenhaus et al., 2005).

내생 잠재변수들의 직접 혹은 간접관계에 대한 또 다른 평가는 매개(mediation) 및 조절(moderation) 효과 분석이다(Helm, Eggert, & Garnefeld, 2009; Henseler & Fassott, 2009). PLS 모형은 직접 효과에 대한 가설적 경로 모형을 우선적으로 평가하고 나서 부가적 분석으로 거품 효과(spurious effect) 혹은 압축 효과(suppressor effect)를 파악하기 위해 매개 및 조절 효과를 분석한다. Albers(2009)는 간접 및 직접 효과 분석 대신에 총효과(total effect) 분석을 제시하고 있다.

구조적 경로 모형에서 각 효과에 대해 효과 크기(effect size)를 Cohen(1988)의 f^2에 의해 평가해야 한다. 효과 크기 f^2는 설명되지 않고 있는 내생 잠재변수의 분산 비율과 관련된 R^2의 증가에 의해 측정된다. Cohen(1988)에 따르면 f^2 값은 0.02, 0.15, 0.35에 의해 각각 약한, 중간, 강한 효과를 의미한다. f^2는 다음과 같은 식에 의해 구한다.

$$f^2 = (R^2_{included} - R^2_{excluded})/(1 - R^2_{included}) \quad (8)$$

또 다른 구조 모형의 평가 기준은 모형의 예측력이다. 예측 관련성에 대한 가장 일반적인 기준은 Stone-Geisser의 Q^2(Stone, 1974; Geisser, 1975)이다. 이는 블라인드폴딩(blindfolding) 절차를 사용하여 측정한다(Tenenhaus et al., 2005). Stone-Geisser 기준은 모형이 내생 잠재변수의 측정변수에 예측을 제공할 수 있어야 함을 기반으로 하고 있다. 이 기법은 함수 적합과 교차 타당성(cross-validation)의 결합에 의해 수행된다. 이를 위한 블라인드폴딩 기법은 반영적 측정 모형을 갖는 내생 잠재변수만 적용 가능하다. 내생 잠재변수에 대한 이 값이 0보다 크면 설명변수는 예측 관련성을 제공하고 있다고 판단할 수 있다. 이 Q^2 값은 블라인드폴딩 절차를 기반으로 다음과 같이 계산한다.

$$Q^2 = 1 - \left(\sum_D SSE_D\right)/\left(\sum_D SSO_D\right) \quad (9)$$

여기서 D는 거리(Omission Distance)를, SSE는 예측 오차 제곱의 합(Sum of Squares of Prediction Errors)을, SSO는 측정 값의 제곱의 합(Sum of Squares of Observations)을 의미한다.

최근에, Tenenhaus et al.(2005)은 PLS 모형에서 글로벌 적합 지수로 GoF($0<GoF<1$)의 사용을 제안하고 있다. 이는 내생변수에 대해 평균 communality와 평균 R^2의 기하 평균으로 구한다. PLS 모형에서 공통성(communality)은 AVE(Average Variance Extracted)와 동일하기 때문에 communality에 대해서도 임계치(cut-off value) 0.5를 적용할 수 있다(Fornell and Larcker, 1981). 또 Chin(1988)이 PLS 모형에서 제안한 R^2의 측정 기준 0.67(강함), 0.33(중간), 0.19(약함)와 동일선상에서 GoF의 평가 기준을 고려할 수 있다. 따라서 최소 평균 AVE 값

0.5와 강·중·약의 R^2 기준을 적용함으로써 GoF의 기준을 0.31(소), 0.41(중), 0.58(대)로 할 수 있다. GoF는 다음 식을 이용하여 구할 수 있다(Wetzels, et al., 2009).

$$GoF = \sqrt{\overline{AVE} \times \overline{R^2}} = \sqrt{\overline{Communality} \times \overline{R^2}} \qquad (10)$$

4. PLS 모형 적용 방안

Lohmoller(1989)는 각 잠재변수의 예측을 위해서 반드시 일련의 측정변수들과 연결이 되어야 하는 원리를 기반으로 고차원 구조 모형인 계층적 모형(혹은 측정 변수의 반복 접근법)을 제시하였다. 이 계층적 모형화 방법의 제2차 요인은 모든 1차 요인들의 측정변수들에 의해 직접 측정되는 원리이다. 이 접근법은 이미 사용된 측정변수를 반복 사용하여 표준 PLS 알고리즘에 의해 모형을 예측한다(Reinartz et al., 2004). 측정항목은 높은 차수의 구성을 표현하기 위해서 순서대로 반복된다. 이 접근법의 선결조건은 1차와 2차 요인 모두 반영적 측정모형이어야 한다. 이 접근법의 단점은 PLS 추정 시 동일 유형의 변수를 연계시킴으로써 편기의 가능성이 있다는 것이다(Wilson, 2007).

고차원 모형의 두 번째 접근법은 2단계 접근법(two-step approach)이다. 이 접근법은 처음에 잠재변수 점수(latent variable score)를 2차 구성 없이 추정하고, 이를 2차 구조 모형에서 측정변수로 사용하여 분석하는 방법이다(Agarwal et al., 2000). 이 접근법은 반영적 혹은 조형적 측정 모형 모두에 사용 가능하다는 장점을 가지고 있다(Diamantopoulos et al., 2001; Reinartz et al., 2004). 이 접근법의 단점은 2단계에서 표현되는 구조변수들은 1단계의 잠재변수 추정 시 고려되지 않는다는 것이다. 그러나 Wilson(2007)은 계층적 접근법이 2단계 접근법에 비해 편기되고 일관성이 떨어지는 추정을 보여주고 있음을 제시하였다. 따라서 본 연구 모형은 반영적 고차원의 PLS 모형으로 2단계 접근법에 의해 측정 모형 및 구조 모형을 검증하고자 한다.

VIII. 기술통계 분석

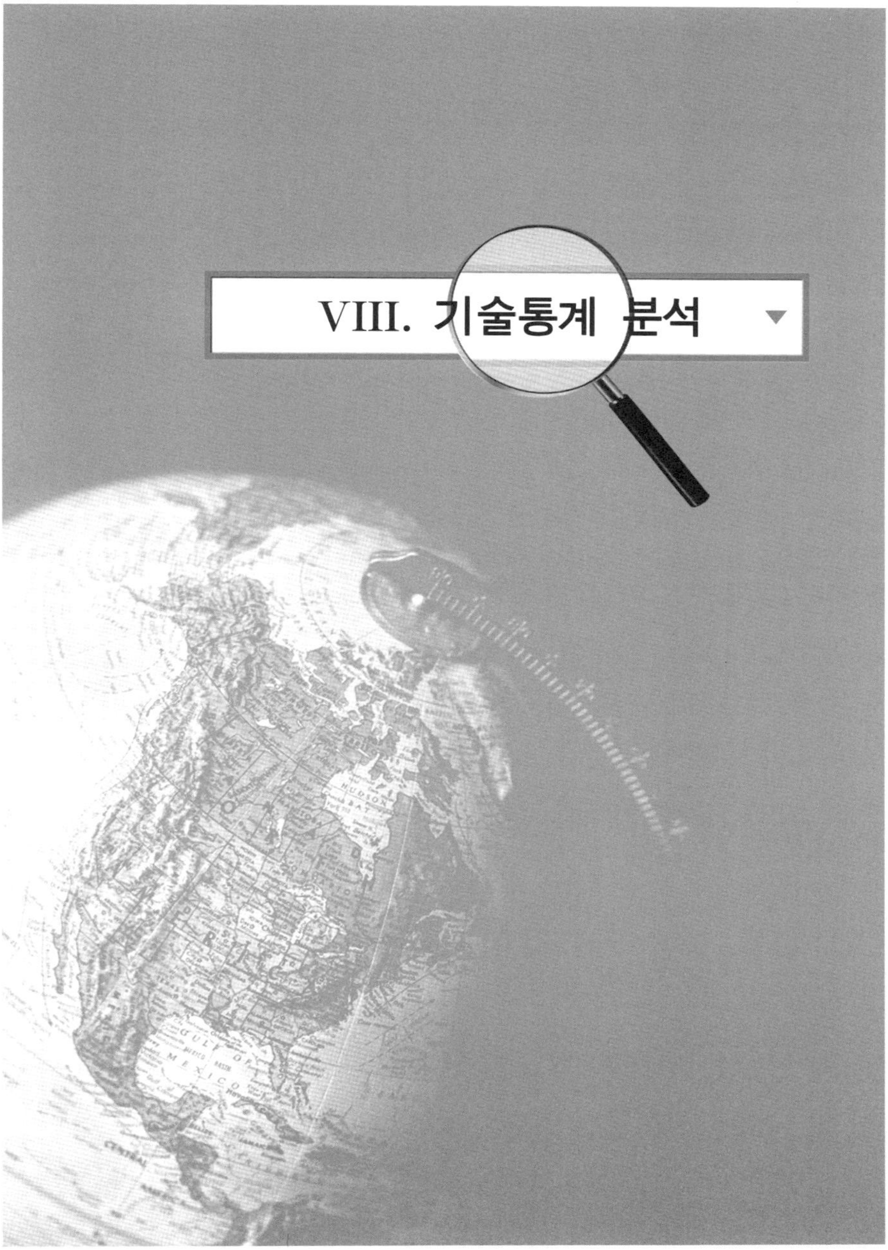

VIII. 기술통계 분석

1. 조사방법 및 설계

(1) 조사대상

다문화 조직성과, 조직문화 지향성, 문화 간·역량 간 관계를 파악하기 위하여 영리 및 비영리 다문화 조직에서 근무하고 있는 외국인을 대상으로 설문조사를 실시하였다.

(2) 설문의 구성

본 연구에서는 다문화 조직성과, 조직문화 지향성, 문화 간 역량의 각 구성 개념을 측정하기 위해서 기존 연구에서 밝혀진 타당성 있는 측정문항들을 이용하였다. 측정문항은 '(1) 강한 부정, (2) 부정, (3) 약한 부정, (4) 중간, (5) 약한 긍정, (6) 긍정, (7) 강한 긍정'의 7점 척도로 하였다. 각 구성별 설문 구성은 〈표 8-1〉과 같다.

〈표 8-1〉 설문의 구성

구성	측정변수	측정문항	측정내용
조직문화 지향성 (OCO)	불확실성 회피 (UA)	UA1	조직의 일관성
		UA2	업무의 조직화
		UA3	직무요구서와 기술성의 명확 정도
	미래 지향성 (FO)	FO1	사전 일하는 방법의 계획
		FO2	미래를 위한 계획
		FO3	회의시간 2주 전 공지
	권력 차이 (PD)	PD1	조직의 기여도와 능력에 따라 영향력 형성
		PD2	상사의 의견을 따름
		PD3	권력이 있는 사람과 없는 사람 간 거리의 증가
	인간 지향성 (HO)	HO1	구성원들에 대한 관심과 배려
		HO2	다른 구성원들에 대한 민감
		HO3	다른 구성원들에 대한 친절
		HO4	다른 구성원들에 대한 관대
	성과 지향성 (PO)	PO1	구성원들의 성과 지향성을 위한 노력
		PO2	성과기반 보상
		PO3	성과 향상을 위한 혁신적인 일에 대한 보상
		PO4	도전적인 업무의 목표 설정 정도
	남성성/여성성 (MF)	MF1	전문적인 개발 활동에 남성의 참여
		MF2	육체적으로 요구되는 일에 주로 남성의 참여
		MF3	구성원들이 공격적이다.
		MF4	구성원들이 적극적이다.
		MF5	구성원들이 지배적인 위치에 있다.
		MF6	구성원들은 냉정하다.
	집단주의 (CO)	CO1	구성원들은 상사의 업적 성취에 자부심을 갖는다.
		CO2	상사는 구성원들의 업적 성취에 자부심을 갖는다.
		CO3	구성원들의 조직 충성도
		CO4	구성원들의 조직을 위한 일에 자부심을 갖고 있다.
		CO5	구성원들에 대한 조직의 충성

〈표 8-1〉 설문의 구성(계속)

구성	측정변수	측정문항	측정내용
문화 간 역량 (ICC)	대인관계기술 (IS)	IS1	의사소통과 상호작용의 차이 인식
		IS2	타 문화권 동료의 오해에 대해 잘 대처한다.
		IS3	의사소통에 지장이 없다.
		IS4	자신의 문화적 배경의 이해
		IS5	다른 문화권의 구성원들의 국가, 문화, 언어 등에 대한 지식
	조직 효과성 (OE)	OE1	조직목표 역할 규범의 이해
		OE2	타 문화권의 사람과 건설적인 피드백
		OE3	타 문화권 사람과 문제의 토론과 해결
		OE4	타 문화권 사람과의 갈등 상황 대처
		OE5	다른 조직 구성원에 대한 존경
		OE6	참여적 유형
		OE7	협력적으로 일을 한다.
	문화 불확실성 (CU)	CU1	문화적 불확실성에 대처
		CU2	인내심이 있다.
		CU3	문화적 차이로 인한 애매함과 불확실성에 관용
		CU4	문화적 차이에 개방적이다.
		CU5	변화와 위협을 수용한다.
		CU6	융통성이 있다.
	문화적 공감 (CE)	CE1	타 문화적 관점의 이해
		CE2	문화, 가치, 믿음 등에 대한 탐구정신
		CE3	서로 다른 일의 수행방법의 인정
		CE4	서로 다른 일의 수행방법의 수용
		CE5	다른 문화권의 일하는 방법에 판단적 입장을 취하지 않음
다문화 조직성과 (MOP)	다문화 조직성과 (MOP)	GU	조직의 목표, 역할, 규범을 명확히 알고 있다.
		OA	구성원 간의 성숙한 업무 추진으로 조직목표 달성
		RA	구성원들의 목표 달성을 위한 기술적·인적 자원 활용
		FI	구성원들의 업무 개선
		PS	문제해결능력

(3) 표본의 특성

본 설문조사의 표본 105개의 특성을 나타내는 〈표 8-2〉를 보면, 남성이 64(61%), 여성이 41(39%)로 구성되었다. 연령대별로는 20대는 5명(4.8%), 30대는 37명(35.2%), 40대는 28명(26.7%), 50대는 21명(20%), 60대 이상은 10명(9.5%)로 분포되었다. 종교의 유무를 살펴

〈표 8-2〉 설문조사 표본의 인구통계학적 특성 (단위: 명, %)

구 분		응답자 수	비율
성별	남자	64	61.0
	여자	41	39.0
연령	20대	5	4.8
	30대	37	35.2
	40대	28	26.7
	50대	21	20.0
	60대 이상	10	9.5
	결측	4	3.8
종교	있음	74	70.5
	없음	31	29.5
다문화조직 유무	있음	65	61.9
	없음	36	34.3
	결측	4	3.8
경력 연수	1− 5년	27	25.7
	6−10년	23	21.9
	11−15년	25	23.8
	16−20년	14	13.3
	21−25년	9	8.6
	26년 이상	7	6.7
다문화 조직 경력	1− 5년	68	64.8
	6−10년	18	17.1
	11−15년	8	7.6
	16−20년	8	7.6
	21−25년	3	2.9
다문화 교육 여부	있음	22	21.0
	없음	79	75.2
	결측	4	3.8
계		105	100.0%

보면, 종교를 가지고 있는 사람이 74명(70.5%), 없는 사람이 31명으로 29.5%를 차지하였다. 그리고 응답자 중 다문화 조직에서 일을 하고 있는 사람이 65명으로 61.9%를, 없는 사람이 36명으로 34.3%를 차지하였다. 다문화 조직에서 일한 경력을 살펴보면 5년 미만이 64.8%로 가장 많았으며 6년에서 10년이 17.1%로 뒤를 이었다. 다문화 관련 교육 여부에서 교육을 받은 경우가 21%, 받지 않은 경우가 75.2%이다.

(4) 변수별 기술통계

〈표 8-3〉은 측정문항별 표본 수, 평균, 표준편차, 최소값, 최대값을 보여주고 있다.

2. 다문화 조직성과

본 설문조사의 다문화 조직성과 측정문항별 인구통계학적 특성별 응답 빈도를 각 문항별로 〈표 8-4〉에서 〈표 8-8〉까지 보여주고 있다. 〈표 8-4〉는 다문화 조직성과 중 "1. 귀하가 속해 있는 조직 구성원들은 자신들의 목표, 역할, 규범에 대해 명확하게 알고 있다" 문항에 대해서 측정척도별 빈도를 보여주고 있다. 우선, 성별 척도별 빈도를 살펴보면 63명의 남성 응답자 중 60% 이상이 긍정[1)]하고 있

1) 긍정이란 의미는 문항에서 척도 5 이상의 응답을 말한다.

〈표 8-3〉 측정문항 및 변수별 기술통계

구성	측정변수	측정문항	표본 수	평균	표준편차	최소값	최대값
조직문화 지향성 (OCO)	불확실성 회피 (UA)	UA1	104	4.73	1.463	1.00	7.00
		UA2	105	4.17	1.608	1.00	7.00
		UA3	105	4.31	1.666	1.00	7.00
		계	105	4.41	1.219	1.67	7.0
	미래 지향(FO)	FO1	104	4.66	1.634	1.00	7.00
		FO2	105	4.12	1.635	1.00	7.00
		FO3	104	3.68	1.987	1.00	7.00
		계	105	4.17	1.448	1.00	7.00
	권력 차이 (PD)	PD1	104	4.21	1.761	1.00	7.00
		PD2	105	4.61	1.596	1.00	7.00
		PD3	104	3.79	1.755	1.00	7.00
		계	105	4.21	0.945	1.33	6.67
	인간 지향성 (HO)	HO1	104	4.22	1.526	1.00	7.00
		HO2	105	4.09	1.422	1.00	7.00
		HO3	105	5.10	1.237	2.00	7.00
		HO4	105	4.49	1.309	1.00	7.00
		계	105	4.48	1.073	1.50	7.00
	성과 지향성 (PO)	PO1	104	4.56	1.575	1.00	7.00
		PO2	104	3.65	1.842	1.00	7.00
		PO3	105	3.47	1.635	1.00	7.00
		PO4	105	3.74	1.538	1.00	7.00
		계	105	3.85	1.381	1.00	7.00
	남성성/여성성 (MF)	MF1	105	2.84	1.582	1.00	7.00
		MF2	102	4.05	1.748	1.00	7.00
		MF3	105	2.89	1.410	1.00	6.00
		MF4	104	4.03	1.458	1.00	7.00
		MF5	104	3.37	1.308	1.00	7.00
		MF6	104	3.04	1.314	1.00	6.00
		계	105	3.37	0.968	1.00	5.50
	집단주의 (CO)	CO1	104	3.57	1.569	1.00	7.00
		CO2	105	4.13	1.520	1.00	7.00
		CO3	105	3.96	1.593	1.00	7.00
		CO4	104	3.53	1.507	1.00	7.00
		CO5	104	4.11	1.500	1.00	7.00
		계	105	3.86	0.824	2.00	6.00

〈표 8-3〉 측정문항 및 변수별 기술통계(계속)

구성	측정변수	측정문항	표본 수	평균	표준편차	최소값	최대값
문화 간 역량 (ICC)	대인관계기술 (IS)	IS1	104	5.52	1.182	2.00	7.00
		IS2	104	5.10	1.397	1.00	7.00
		IS3	104	4.96	1.421	2.00	7.00
		IS4	103	5.54	1.243	2.00	7.00
		IS5	104	5.30	1.042	3.00	7.00
		계	104	5.28	0.838	3.20	7.00
	조직 효과성 (OE)	OE1	103	5.36	1.028	2.00	7.00
		OE2	105	4.91	1.309	1.00	7.00
		OE3	105	5.13	1.161	1.00	7.00
		OE4	105	5.00	1.271	1.00	7.00
		OE5	105	5.74	1.029	2.00	7.00
		OE6	104	5.08	1.320	2.00	7.00
		OE7	105	5.88	0.987	2.00	7.00
		계	105	5.30	0.850	3.00	7.00
	문화 불확실성 (CU)	CU1	105	5.23	1.085	2.00	7.00
		CU2	105	5.65	1.000	2.00	7.00
		CU3	104	5.59	1.020	2.00	7.00
		CU4	105	5.82	0.959	2.00	7.00
		CU5	105	5.45	1.109	2.00	7.00
		CU6	105	5.57	0.979	2.00	7.00
		계	105	5.55	0.778	3.83	7.00
	문화적 공감 (CE)	CE1	105	5.50	0.992	3.00	7.00
		CE2	105	5.34	1.099	3.00	7.00
		CE3	105	5.29	1.089	2.00	7.00
		CE4	105	5.45	1.000	2.00	7.00
		CE5	105	5.10	1.184	1.00	7.00
		계	105	5.34	0.839	3.40	7.00
다문화 조직성과 (MOP)	다문화 조직성과 (MOP)	GU	104	4.93	1.248	1.00	7.00
		OA	104	4.68	1.395	1.00	7.00
		RA	104	4.78	1.539	1.00	7.00
		FI	104	4.59	1.370	1.00	7.00
		PS	104	4.35	1.538	1.00	7.00
		계	105	4.67	1.217	1.00	7.00

는 것으로 나타났고, 41명의 여성 응답자들 중 60% 이상이 긍정하고 있는 것으로 나타나 다문화 조직의 남성과 여성 모두 60% 이상이 조직의 목표, 역할, 규범을 명확히 알고 있음을 보여주고 있다. 연령별로 다문화 조직성과의 문항 1에 대한 응답 빈도를 보여주고 있다. 30, 40, 50대가 전체 응답자의 80% 이상을 차지하고 있는 것으

〈표 8-4〉 다문화 조직성과 측정문항(1)의 인구통계학적 특성별 응답

1. 조직의 목표, 역할, 규범을 명확히 알고 있다(GU)										
구 분			1	2	3	4	5	6	7	전체
성별	여	빈도	0	0	4	12	10	15	0	41
	남	빈도	2	0	6	16	11	22	6	63
나이	20대	빈도	0	0	0	1	2	2	0	5
	30대	빈도	0	0	5	11	6	11	3	36
	40대	빈도	1	0	3	7	9	6	2	28
	50대	빈도	0	0	1	6	3	10	1	21
	60대	빈도	1	0	1	2	1	3	0	8
	70대 이상	빈도	0	0	0	0	0	2	0	2
종교	없음	빈도	2	0	5	6	6	9	3	31
	있음	빈도	0	0	5	22	15	28	3	73
다문화 조직 유무	기타	빈도	0	0	1	1	0	2	0	4
	없음	빈도	1	0	4	9	6	12	3	35
	있음	빈도	1	0	5	18	15	23	3	65
경력 연수	1－ 5년	빈도	0	0	4	6	8	7	1	26
	6－10년	빈도	0	0	2	7	3	10	1	23
	11－15년	빈도	2	0	0	9	3	9	2	25
	16－20년	빈도	0	0	3	1	4	4	2	14
	21－25년	빈도	0	0	0	4	1	4	0	9
	26－30년	빈도	0	0	0	0	1	3	0	4
	30년 이상	빈도	0	0	1	1	1	0	0	3
다문화 조직 경력	1－ 5년	빈도	0	0	7	19	17	21	4	68
	6－10년	빈도	2	0	0	4	2	8	1	17
	11－15년	빈도	0	0	2	1	1	3	1	8
	16－20년	빈도	0	0	1	1	1	5	0	8
	21－25년	빈도	0	0	0	3	0	0	0	3

로 나타났으며, 30대에서는 56%가, 40대에서는 60%가, 그리고 50대에서는 67%가 1번 문항에 대해 긍정하고 있는 것으로 보이고 있다. 연륜이 높아질수록 높은 긍정을 보이고 있다. 종교 유무별 조직의 목표, 역할, 규범을 명확히 앎에 대한 빈도를 보이고 있다. 종교가 있는 사람(64%)이 없는 사람(58%)보다 약간 높은 긍정을 보이고 있다. 다문화 조직이 있는 경우가 41명으로 없는 경우의 21명보다 문항 1에 대해 높은 긍정을 보이고 있다.

〈표 8-5〉 다문화 조직성과 측정문항(2)의 인구통계학적 특성별 응답

2. 구성원 간 성숙한 업무 추진으로 조직목표 달성(OA)										
구 분			1	2	3	4	5	6	7	전체
성별	여	빈도	0	2	6	4	14	11	2	41
	남	빈도	2	1	7	20	17	8	8	63
나이	20대	빈도	0	1	0	1	1	2	0	5
	30대	빈도	1	1	4	9	10	6	5	36
	40대	빈도	1	0	2	7	12	6	0	28
	50대	빈도	0	1	4	5	5	3	3	21
	60대	빈도	1	0	2	1	3	0	1	8
	70대 이상	빈도	0	0	0	1	0	1	0	2
종교	없음	빈도	3	1	4	5	10	4	4	31
	있음	빈도	0	2	9	20	21	15	6	73
다문화 조직 유무	기타	빈도	0	0	0	2	1	1	0	4
	없음	빈도	1	2	4	7	10	6	5	35
	있음	빈도	2	1	9	16	20	12	5	65
경력 연수	1－ 5년	빈도	1	2	3	4	12	3	1	26
	6－10년	빈도	0	0	5	6	4	6	2	23
	11－15년	빈도	2	0	1	8	5	5	4	25
	16－20년	빈도	0	0	2	3	5	3	1	14
	21－25년	빈도	0	1	0	2	4	1	1	9
	26－30년	빈도	0	0	0	1	1	1	1	4
	30년 이상	빈도	0	0	2	1	0	0	0	3
다문화 조직 경력	1－ 5년	빈도	2	4	7	12	19	19	5	68
	6－10년	빈도	2	0	2	3	4	5	1	17
	11－15년	빈도	1	1	0	1	2	1	2	8
	16－20년	빈도	0	0	1	0	2	4	1	8
	21－25년	빈도	0	0	0	1	0	2	0	3

〈표 8-5〉는 다문화 조직성과 중 "2. 귀하가 속해 있는 조직의 구성원들은 성숙한 업무 추진 조직으로서 서로 충분한 지식을 가지고 조직의 목표를 달성한다" 문항에 대해서 측정척도별 빈도를 보여주고 있다. 성별 응답을 살펴보면, 남성(33)이 여성(27)보다 약간 높은 긍정을 보이고 있다. 연령대별로는 30, 40, 50대가 높은 응답률을 보이고 있으며, 30대에서 가장 높은 긍정의 응답을 보이고 있다. 또 다문화 조직이 있는 경우가 없는 경우보다 높은 긍정의 응답을 보였다.

〈표 8-6〉 다문화 조직성과 측정문항(3)의 인구통계학적 특성별 응답

3. 목표 달성을 위해 필요한 기술적 인적 자원을 잘 활용한다									
구 분		1	2	3	4	5	6	7	전체
성별	여	1	3	3	7	11	14	2	41
	남	4	2	7	10	16	17	7	63
나이	20대	0	1	1	0	2	1	0	5
	30대	2	3	1	7	10	9	4	36
	40대	2	1	2	5	8	6	4	28
	50대	0	0	4	2	4	11	0	21
	60대	0	0	1	2	3	2	0	8
	70대 이상	0	0	0	1	0	1	0	2
종교	없음	4	1	1	6	7	9	3	31
	있음	1	4	9	11	20	22	6	73
다문화 조직 유무	기타	0	1	0	0	2	0	1	4
	없음	0	2	1	11	6	12	3	35
	있음	5	2	9	6	19	19	5	65
경력 연수	1－ 5년	2	2	4	5	7	6	0	26
	6－10년	0	1	4	7	4	6	1	23
	11－15년	2	0	2	3	6	8	4	25
	16－20년	1	2	0	1	4	3	3	14
	21－25년	0	0	0	0	3	5	1	9
	26－30년	0	0	0	0	2	2	0	4
	30년 이상	0	0	0	1	1	1	0	3
다문화 경력 연수	1－ 5년	2	4	7	12	19	19	5	68
	6－10년	2	0	2	3	4	5	1	17
	11－15년	1	1	0	1	2	1	2	8
	16－20년	0	0	1	0	2	4	1	8
	21－25년	0	0	0	1	0	2	0	3

〈표 8-6〉은 다문화 조직성과 중 "3. 귀하가 속해 있는 조직의 구성원들은 목표 달성을 위해 필요한 기술적 인적 자원을 잘 활용한다" 문항에 대해서 측정척도별 빈도를 보여주고 있다. 우선, 성별 척도별 빈도를 살펴보면 63명의 남성 응답자 중 40명 이상이 긍정[2)]하고 있는 것으로 나타났고, 41명의 여성 응답자들 중 27명 이상이 긍정하고 있는 것으로 나타나 다문화 조직의 남성과 여성 모두 67명 이상이 조직의 목표, 역할, 규범을 명확히 알고 있음을 보이고 있다. 연령별로 다문화 조직성과의 문항 3에 대한 응답 빈도를 보여주고 있다. 30, 40, 50대 전체 응답자가 85명 이상을 차지하고 있는 것으로 나타났으며, 30대에서는 23명이, 40대에서는 18명이, 그리고 50대에서는 15명이 3번 문항에 대해 긍정하고 있는 것으로 나타나고 있다. 종교 유무별 조직의 목표, 역할, 규범을 명확히 앎에 대한 빈도를 보이고 있다. 종교가 있는 사람(73명)이 없는 사람(31명)보다 높은 긍정을 보이고 있다. 다문화 조직이 있는 경우가 65명으로 없는 경우의 35명보다 문항 3에 대해 높은 긍정을 보이고 있다.

〈표 8-7〉은 다문화 조직성과 중 "4. 귀하가 속해 있는 조직의 구성원들은 피드백을 잘 활용하여 업무 개선을 한다" 문항에 대해서 측정척도별 빈도를 보여주고 있다. 우선, 성별 척도별 빈도를 살펴보면 63명의 남성 응답자 중 34명 이상이 척도 5 이상으로 긍정하고 있는 것으로 나타났고, 41명의 여성 응답자들 중 23명 이상이 긍정하고 있는 것으로 나타나 다문화 조직의 남성과 여성 모두 57명 이상이 조직의 목표, 역할, 규범을 명확히 알고 있음을 보이고 있다. 연령별로 다문화 조직성과의 문항 4에 대한 응답 빈도를 보여주고 있

2) 긍정이란 의미는 문항에서 척도 5 이상의 응답을 말한다.

다. 30, 40, 50대 전체 응답자가 85명 이상을 차지하고 있는 것으로 나타났으며, 30대에서는 19명이, 40대에서는 16명이, 그리고 50대에서는 9명이 4번 문항에 대해 긍정하고 있는 것으로 보이고 있다. 종교 유무별 조직의 목표, 역할, 규범을 명확히 앎에 대한 빈도를 보이고 있다. 종교가 있는 사람 73명 중 39명이 없는 사람 31명 중 18명보다 높은 긍정을 보이고 있다. 다문화 조직에서 근무 연수가 낮을수록 구성원들 간 피드백을 통해 업무 개선을 하는 정도가 높은 것으

〈표 8-7〉 다문화 조직성과 측정문항(4)의 인구통계학적 특성별 응답

4. 피드백을 잘 활용하여 업무 개선을 한다									
구 분		1	2	3	4	5	6	7	전체
성별	여	0	2	5	11	13	10	0	41
	남	1	6	8	14	13	16	5	63
나이	20대	0	1	0	1	1	2	0	5
	30대	0	4	5	8	9	7	3	36
	40대	1	2	3	6	7	8	1	28
	50대	0	0	5	7	3	5	1	21
	60대	0	0	0	1	5	2	0	8
	70대 이상	0	0	0	1	1	0	0	2
종교	없음	1	4	3	5	6	9	3	31
	있음	0	4	10	20	20	17	2	73
다문화 조직 유무	기타	0	1	0	0	0	3	0	4
	없음	0	2	3	11	8	8	3	35
	있음	1	5	10	14	18	15	2	65
경력 연수	1－ 5년	0	4	3	6	7	6	0	26
	6－10년	0	1	6	5	6	4	1	23
	11－15년	1	2	1	5	7	7	2	25
	16－20년	0	1	2	3	2	5	1	14
	21－25년	0	0	1	4	1	3	0	9
	26－30년	0	0	0	1	1	1	1	4
	30년 이상	0	0	0	1	2	0	0	3
다문화 경력 연수	1－ 5년	0	6	8	13	20	19	2	68
	6－10년	1	1	2	6	2	4	1	17
	11－15년	0	1	2	2	1	0	2	8
	16－20년	0	0	0	2	3	3	0	8
	21－25년	0	0	1	2	0	0	0	3

로 나타났다. 이는 국내에서 다문화에 대한 인식이 시작되고 있다고 볼 수 있다.

〈표 8-8〉은 다문화 조직성과 중 "5. 귀하가 속해 있는 조직의 구성원들은 조직이 직면하고 있는 문제와 의사결정에 대해 토론하는 데 충분한 시간을 갖는다" 문항에 대해서 측정척도별 빈도를 보여주고 있다.

우선, 성별 척도별 빈도를 살펴보면 63명의 남성 응답자 중 32명

〈표 8-8〉 다문화 조직성과 측정문항(5)의 인구통계학적 특성별 응답

5. 조직이 직면하고 있는 문제와 의사결정에 대해 토론하는 데 충분한 시간을 갖는다.									
구 분		1	2	3	4	5	6	7	전체
성별	여	2	2	6	10	16	5	0	41
	남	3	6	11	11	14	10	8	63
나이	20대	1	0	1	0	2	1	0	5
	30대	1	4	5	9	7	6	4	36
	40대	2	3	3	6	8	3	3	28
	50대	0	1	5	4	8	3	0	21
	60대	0	0	1	2	5	0	0	8
	70대 이상	0	0	1	0	0	1	0	2
종교	없음	3	5	2	5	6	6	4	31
	있음	2	3	15	16	24	9	4	73
다문화 조직 유무	기타	0	1	0	0	1	1	1	4
	없음	1	3	4	8	10	5	4	35
	있음	4	4	13	13	19	9	3	65
경력 연수	1－ 5년	2	3	5	5	6	5	0	26
	6－10년	0	1	5	5	7	4	1	23
	11－15년	2	1	5	6	5	1	5	25
	16－20년	1	2	1	2	3	3	2	14
	21－25년	0	1	1	2	4	1	0	9
	26－30년	0	0	0	0	3	1	0	4
	30년 이상	0	0	0	1	2	0	0	3
다문화 경력 연수	1－ 5년	2	6	9	16	20	10	5	68
	6－10년	2	0	5	3	4	2	1	17
	11－15년	1	1	2	0	1	1	2	8
	16－20년	0	0	1	1	4	2	0	8
	21－25년	0	1	0	1	1	0	0	3

이상이 척도 5 이상으로 긍정하고 있는 것으로 나타났고, 41명의 여성 응답자들 중 21명 이상이 긍정하고 있는 것으로 나타나 다문화 조직의 남성과 여성 모두 53명 이상이 조직의 목표, 역할, 규범을 명확히 알고 있음을 보이고 있다. 연령별로 다문화 조직성과의 문항 5에 대한 응답 빈도를 보여주고 있다. 30, 40, 50대 전체 응답자가 85명 이상을 차지하고 있는 것으로 나타났으며, 30대에서는 17명이, 40대에서는 14명이, 그리고 50대에서는 11명이 5번 문항에 대해 긍정하고 있는 것으로 보이고 있다. 종교 유무별 조직의 목표, 역할, 규범을 명확히 앎에 대한 빈도를 보이고 있다. 종교가 있는 사람 73명 중 37명이, 없는 사람 31명 중 16명보다 높은 긍정을 보이고 있다. 다문화 조직에서 근무 연수가 낮을수록 구성원들 간 조직이 직면하고 있는 문제와 의사결정에 대해 토론하는 데 충분한 시간을 갖는 정도가 높은 것으로 나타났다. 이는 국내에서 다문화에 대한 인식이 시작되고 있다고 볼 수 있다.

3. 문화 간 역량

본 설문조사의 문화 간 역량의 측정문항별 인구통계학적 특성별 응답자의 평균 빈도를 각 문항별로 〈부록〉에서 보여주고 있다. 여기서는 문화 간 역량 중에서 대인관계기술의 1번 문항에 대해서만 기술하고 나머지 문항들에 대해서는 부록을 참고하면 응답자들의 빈도를 알 수 있다. 문화 간 역량 측정문항 중 "1. 나는 서로 다른 국가에서 온 사람들과 일을 같이 할 때 의사소통과 상호작용 측면에서 차이점을 인식하고 있다” 문항에 대해서 측정척도별 빈도를 보여주고 있다. 우선, 성별 척도별 빈도를 살펴보면 63명의 남성 응답자 중 57명 이상이 척도 5 이상으로 긍정하고 있는 것으로 나타났고, 41명의 여성 응답자들 중 31명 이상이 긍정하고 있는 것으로 나타나 다문화 조직의 남성과 여성 모두 88명 이상이 조직의 목표, 역할, 규범을 명확히 알고 있음을 보이고 있다. 연령별로 다문화 조직성과의 문항 1에 대한 응답 빈도를 보면, 30, 40, 50대 전체 응답자가 86명 이상을 차지하고 있는 것으로 나타났으며, 30대에서는 34명이, 40대에서는 24명이, 그리고 50대에서는 15명이 1번 문항에 대해 긍정하고 있는 것으로 보이고 있다. 종교 유무별 조직의 목표, 역할, 규범을 명확히 앎에 대한 빈도를 보이고 있다. 종교가 있는 사람 73명 중 63명이 없는 사람 31명 중 25명보다 높은 긍정을 보이고 있다. 다문화 조직에서 근무 연수가 낮을수록 구성원들 간 피드백을 통해 업무 개선을 하는 정도가 높은 것으로 나타났다. 이는 국내에서 다문화에 대한 인식이 시작되고 있다고 볼 수 있다.

4. 조직문화 지향성

본 설문조사의 조직문화 지향성의 측정문항별 인구통계학적 특성별 응답자의 평균 빈도를 각 문항별로 알아보았다. 본 절에서는 조직문화 지향성에서 불확실성 회피에 대한 측정문항 중 “1. 귀하가 속한 조직은 혁신이나 실험정신보다는 조직의 질서 정연과 일관성을 강조하고 있다” 문항에 대해서만 측정척도별 빈도를 보여주고 있다. 우선, 성별 척도별 빈도를 살펴보면 64명의 남성 응답자 중 35명 이상이 척도 5 이상으로 긍정하고 있는 것으로 나타났고, 40명의 여성 응답자들 중 19명 이상이 긍정하고 있는 것으로 나타나 다문화 조직의 남성과 여성 모두 54명 이상이 조직의 일관성을 인지하고 있음을 보이고 있다. 연령별로는, 30, 40, 50대 전체 응답자가 86명 이상을 차지하고 있는 것으로 나타났으며, 30대에서는 20명이, 40대에서는 14명이, 그리고 50대에서는 11명이 1번 문항에 대해 긍정하고 있는 것으로 보이고 있다. 종교 유무별 조직의 목표, 역할, 규범을 명확히 앎에 대한 빈도를 보이고 있다. 종교가 있는 사람 73명 중 35명이 없는 사람 31명 중 19명보다 높은 긍정을 보이고 있다. 다문화 조직에서 근무 연수가 낮을수록 구성원들 간 피드백을 통해 업무 개선을 하는 정도가 높은 것으로 나타났다. 이는 국내에서 다문화에 대한 인식이 시작되고 있다고 볼 수 있다.

IX. 실증분석

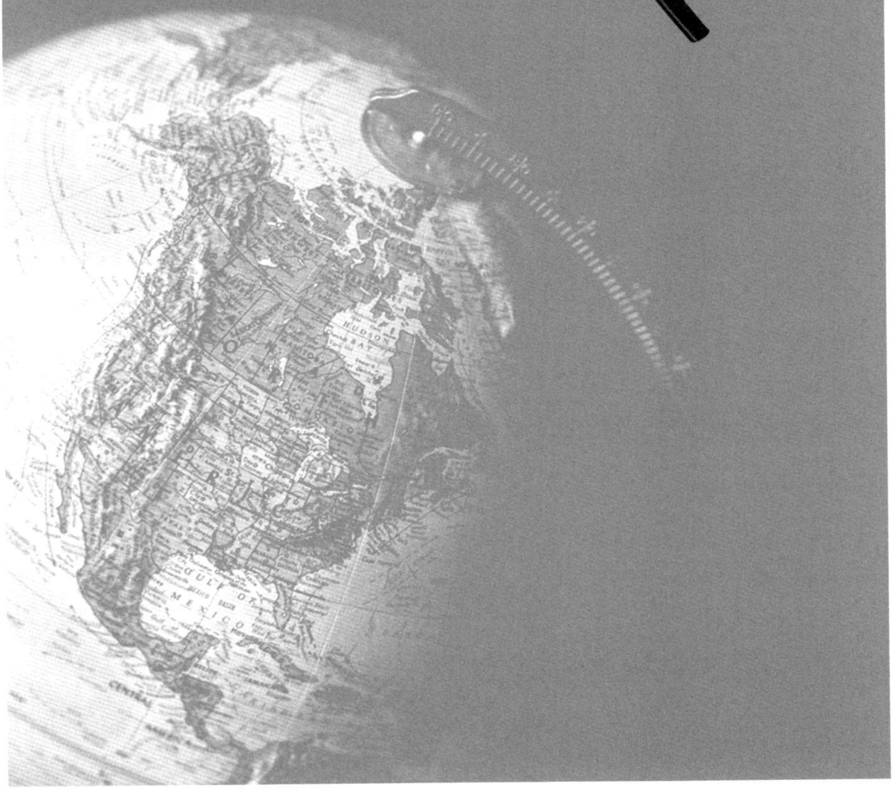

IX. 실증분석

1. 측정 모형 평가

(1) 1차 측정 모형의 신뢰성과 타당성

측정 모형의 신뢰성 평가는 전통적으로는 변수 간 상관관계에 기반을 둔 크론바 알파(chronba alpha)와 PLS 모형의 적재값을 고려한 복합 신뢰성(Composite Reliability, CR)에 의해 내적 일관성을 검증하였다. Nunnally & Bernstein(1994)은 임계값을 0.7 이상으로 하고 있다. 신뢰성 측정은 〈표 9-1〉에 따르면 권력 차이와 집단주의를 제외하고는 크론바 알파와 복합 신뢰성 값이 모두 0.7보다 커 내적 일관성이 있다고 해석할 수 있다. 측정변수의 측정항목들 중 요인 부하량이 0.6보다 적은 권력 차이의 PD1, 인간 지향성의 HO2, 대인관계기술의 IS2와 IS3, 남성성/여성성의 MF2와 MF4, 집단주의 CO4를 제거한 후 이 측정변수들의 신뢰성과 복합 신뢰성이 높게 나타났다. 그러나 권력 차이와 대인관계기술의 크론바 알파 값은 0.7보다 작고 복합 신뢰도는 0.7보다 크게 나타나 그대로 본 연구를 위해서 수용하였다.

〈표 9-1〉 1차 측정 모형의 신뢰성 검정결과

구성	측정변수	측정문항	문항제거 전		문항제거 후	
			Cronba's α	복합 신뢰성	Cronba's α	복합 신뢰성
조직문화 지향성 (OCO)	불확실성 회피 (UA)	UA1, UA2, UA3	0.66	0.82	0.67	0.82
	미래 지향 (FO)	FO1, FO2, FO3	0.76	0.86	0.76	0.86
	권력 차이 (PD)	PD1, PD2, PD3	−0.09	0.17	0.52	0.81
	인간 지향성 (HO)	HO1, HO2, HO3, HO4	0.77	0.85	0.76	0.86
	성과 지향성 (PO)	PO1, PO2, PO3, PO4	0.86	0.90	0.86	0.90
	남성성/여성성 (MF)	MF1, MF2, MF3 MF4, MF5, MF6	0.74	0.76	0.75	0.84
	집단주의 (CO)	CO1, CO2, CO3 CO4, CO5	0.34	0.69	0.75	0.84
문화 간 역량 (ICC)	대인관계기술 (IS)	IS1, IS2, IS3, IS4, IS5	0.69	0.75	0.59	0.83
	조직 효과성 (OE)	OE1, OE2, OE3, OE4, OE5, OE6, OE7	0.85	0.88	0.84	0.88
	문화 불확실성 (CU)	CU1, CU2, CU3, CU4, CU5, CU6	0.85	0.89	0.85	0.89
	문화적 공감(CE)	CE1, CE2, CE3, CE4, CE5	0.84	0.88	0.84	0.88
다문화 조직성과	다문화 조직성과 (MOP)	GU, OA, RA, FI, PS	0.91	0.93	0.91	0.94

측정 모형의 타당성 평가는 각 측정항목이 측정하고자 하는 구성과 강한 상관관계(수렴 타당성)를 가지고 있는지와 모든 다른 구성과는 약한 상관관계(판별 타당성)를 가지고 있는지를 측정하는 것이다. 즉 수렴(집중) 타당성은 측정항목들이 그들의 단일 차원성(unidimensionality)으로 표현되어 있는지를, 판별 타당성은 개념적으로 다른 두 개념이 충분한 차이가 있는지를 평가한다. 수렴 타당성은 평균분산추출

(Average Variance Extracted, AVE>0.5)에 의해(Fornell and Larcker, 1981), 판별 타당성은 Fornell-Larcker 기준과 교차 적재값(cross-loadings)에 의해 평가한다. Fornell-arcker 기준은 각 요인의 추출된 평균분산(AVE: Average Variance Extracted)의 제곱근이 해당요인과 다른 요인들 간의 상관계수들보다 커야 한다. 또 교차 적재값(cross-loadings) 기준은 각 변수에 대한 측정항목의 로딩 값이 교차 적재값(부하량)보다 커야 하며, 그 값이 모두 0.7 이상이어야 한다. 이와 더블어 Outer loading 값들이 통계적으로 유의해야 한다.

우선 잠재변수들 간 상관관계를 보여주는 〈표 9-2〉에 의하면 AVE 값은 모두 0.5보다 크고 AVE의 제곱근이 상관관계 값보다 큰 값을 보이고 있다. 따라서 단일 차원으로 표현되는 수렴(집중) 타당성이 있음을 알 수 있다. 두 번째 평가지표로 교차 적재값에 의한 평가가 있다. 교차 적재값을 보여주는 〈표 9-4〉는 본 연구를 위해 잠재변수들과 그 변수들의 측정항목들 간의 적재값을 나타낸 것으로, 음

〈표 9-2〉 1차 잠재변수들 간 상관관계와 AVE의 제곱근

	AVE	UA	FO	PD	HO	PO	MF	CO	IS	OE	CU	CE	MOP
UA	0.603	0.777											
FO	0.681	0.509	0.825										
PD	0.500	−0.074	−0.451	0.707									
HO	0.587	0.167	0.377	−0.345	0.766								
PO	0.700	0.239	0.577	−0.513	0.471	0.836							
MF	0.389	−0.120	−0.040	0.302	−0.321	0.042	0.624						
CO	0.542	0.295	0.627	−0.496	0.520	0.657	−0.200	0.736					
IS	0.389	0.156	0.082	0.135	0.060	−0.199	−0.146	−0.058	0.623				
OE	0.520	0.293	0.297	−0.224	0.223	0.237	−0.175	0.315	0.517	0.721			
CU	0.568	0.124	0.065	−0.040	0.137	0.011	−0 141	0.130	0.517	0.647	0.754		
CE	0.601	0.207	0.174	−0.139	0.254	0.225	−0.155	0.162	0.305	0.517	0.674	0.776	
MOP	0.738	0.343	0.526	−0.539	0.469	0.579	−C.275	0.572	0.075	0.516	0.214	0.264	0.899

* 대각선의 값은 AVE의 제곱근 값임.

영 처리된 로딩 값을 살펴보면 대부분 측정항목들이 0.7 이상이지만 0.7 미만인 것도 볼 수 있다. 부하량이 0.7 미만인 측정항목을 제거한 후 신뢰성 검정결과를 보여주는 〈표 9-5〉에서 보는 바와 같이 복합 신뢰도가 모두 0.7보다 높게 나타남을 볼 수 있다. 또한 〈표 9-3〉

〈표 9-3〉 1차 측정 모형의 outer loading의 유의성 검정

	경로계수	표준오차	T값		경로계수	표준오차	T값
UA1 ← UA	0.695198	0.123004	5.651809	IS1 ← IS	0.669582	0.256396	2.611517
UA2 ← UA	0.869089	0.071178	12.209995	IS2 ← IS	0.387296	0.236172	1.639892
UA3 ← UA	0.75559	0.146655	5.152161	IS3 ← IS	0.465659	0.251171	1.853955
FO1 ← FO	0.832382	0.035945	23.15681	IS4 ← IS	0.769101	0.166686	4.614077
FO2 ← FO	0.897268	0.013136	68.305403	IS5 ← IS	0.732344	0.204595	3.579487
FO3 ← FO	0.73826	0.052905	13.954341	OE1 ← OE	0.70327	0.039462	17.821266
PD1 ← PD	−0.778038	0.470342	1.654197	OE2 ← OE	0.816003	0.01952	41.8026
PD2 ← PD	0.614564	0.327768	1.874996	OE3 ← OE	0.818611	0.034552	23.692496
PD3 ← PD	0.718365	0.397453	1.807419	OE4 ← OE	0.683353	0.06472	10.55864
HO1 ← HO	0.464707	0.090742	7.126879	OE5 ← OE	0.722272	0.040109	18.00779
HO2 ← HO	0.586444	0.09422	6.224224	OE6 ← OE	0.585294	0.061882	9.458225
HO3 ← HO	0.910062	0.02238	40.664251	OE7 ← OE	0.689545	0.041211	16.73206
HO4 ← HO	0.870494	0.034553	25.192698	CU1 ← CU	0.615724	0.123884	4.970519
PO1 ← PO	0.88002	0.01333	66.018204	CU2 ← CU	0.864737	0.11284	7.663366
PO2 ← PO	0.781174	0.040217	19.42396	CU3 ← CU	0.629233	0.13736	4.580888
PO3 ← PO	0.878305	0.015863	55.368051	CU4 ← CU	0.831752	0.100745	8.256013
PO3 ← PO	0.801764	0.036325	22.071951	CU5 ← CU	0.732927	0.120502	6.082273
MF1 ← MF	0.605817	0.164989	3.671868	CU6 ← CU	0.811843	0.104485	7.769964
MF2 ← MF	0.327284	0.188403	1.737147	CE1 ← CE	0.677441	0.075632	8.957048
MF3 ← MF	0.84437	0.180658	4.673864	CE2 ← CE	0.667541	0.075787	8.8281
MF4 ← MF	0.095972	0.246217	0.389788	CE3 ← CE	0.803535	0.041394	19.411907
MF5 ← MF	0.719969	0.168725	4.26712	CE4 ← CE	0.908312	0.01441	63.035261
MF6 ← MF	0.7879	0.179493	4.389583	CE5 ← CE	0.794871	0.040284	19.731586
CO1 ← CO	0.642232	0.063478	10.117472	GU ← MOP	0.815185	0.027815	29.307181
CO2 ← CO	0.777393	0.033936	22.907428	OA ← MOP	0.853127	0.020223	42.186382
CO3 ← CO	0.762851	0.037685	20.242936	RA ← MOP	0.864493	0.020455	42.263319
CO4 ← CO	−0.714974	0.047892	14.928852	FI ← MOP	0.856739	0.024599	34.828773
CO5 ← CO	0.774795	0.040234	19.252755	PS ← MOP	0.902851	0.011605	77.800282

***Significant at $P<0.01(t>2.58)$, **Significant at $P<0.05(t>1.96)$, *Significant at $P<0.1(t>1.64)$

〈표 9-4〉 1차 측정 모형의 교차 적재값

	UA	FO	PD	HO	PO	MF	CO	IS	OE	CU	CE	MOP
UA1	0.695198	0.182106	0.13387	−0.00877	−0.007496	−0.098608	0.065529	0.150971	0.261491	0.160119	0.22953	0.117953
UA2	0.869089	0.394659	−0.031812	0.166587	0.187478	−0.080418	0.214155	0.153185	0.234498	0.146465	0.25954	0.254607
UA3	0.75559	0.61802	−0.286559	0.226496	0.383742	−0.105405	0.416946	0.05331	0.187712	−0.031014	−0.029226	0.437057
FO1	0.422607	0.832382	−0.414223	0.348782	0.454759	−0.164622	0.598799	0.09776	0.253339	−0.010874	0.046879	0.472729
FO2	0.500087	0.897268	−0.460417	0.359427	0.5574	0.007729	0.53076	−0.031193	0.226678	0.025926	0.176733	0.500816
FO3	0.32485	0.73826	−0.224027	0.212516	0.407875	0.065921	0.414481	0.151899	0.259209	0.155263	0.213535	0.315721
PD1	0.252651	0.42967	−0.778038	0.309072	0.490368	−0.184635	0.415681	−0.079124	0.168863	−0.36088	0.127296	0.506323
PD2	0.123123	−0.237451	0.614564	−0.119137	−0.27321	0.15685	−0.265163	0.146011	−0.192018	−0.063078	−0.185796	0.246877
PD3	0.075512	−0.243399	0.718365	−0.281325	−0.269238	0.324082	−0.349938	0.071932	−0.114055	−0.094776	0.034071	−0.338502
HO1	0.132908	0.285198	−0.319509	0.646707	0.320461	−0.105585	0.396954	−0.095563	0.0947	−0.109326	0.033411	0.347248
HO2	0.080882	0.297415	−0.145273	0.586444	0.293128	0.008158	0.331598	0.128988	0.129505	0.023994	0.030255	0.199835
HO3	0.147124	0.321799	−0.294501	0.910062	0.452694	−0.411518	0.46341	0.110111	0.22216	0.194331	0.258473	0.496427
HO4	0.144401	0.294653	−0.297575	0.870494	0.363045	−0.278264	0.418604	0.013967	0.198874	0.169471	0.316373	0.329684
PO1	0.240195	0.496607	−0.445349	0.493796	0.88002	−0.048711	0.608391	−0.131674	0.334025	0.048676	0.216941	0.599282
PO2	0.129036	0.335893	−0.302025	0.263052	0.781174	0.147277	0.427256	−0.16122	0.138986	−0.018423	0.111358	0.354584
PO3	0.280732	0.619041	−0.547406	0.379851	0.878305	0.057194	0.597914	−0.181614	0.148997	−0.03977	0.190356	0.516272
PO4	0.115955	0.444232	−0.388479	0.392156	0.801764	0.035331	0.529986	−0.208157	0.121178	0.032266	0.216794	0.409761
MF1	−0.030442	0.020263	0.243534	−0.144668	0.052752	0.605817	−0.139364	−0.110245	−0.09949	−0.154849	−0.068418	−0.172728
MF2	−0.108097	0.052307	0.061124	−0.001358	−0.053218	0.327284	0.049282	0.05853	0.04757	−0.013818	−0.090739	0.054499
MF3	−0.105261	0.002231	0.188089	−0.243996	0.047381	0.84437	−0.118512	−0.057598	−0.145181	−0.123896	−0.186793	−0.190772
MF4	−0.07598	−0.005937	−0.129671	0.080209	0.108752	0.095972	0.197255	0.079746	−0.040106	0.045208	0.047316	0.153589
MF5	−0.100671	−0.04102	0.13998	−0.289827	0.001548	0.719969	−0.094635	−0.028726	−0.086932	−0.007192	−0.082946	−0.142579
MF6	−0.162817	−0.097178	0.215712	−0.224746	0.05468	0.7879	−0.101799	−0.15147	−0.168114	−0.063151	−0.075605	−0.180965
CO1	0.209432	0.369628	−0.28523	0.315552	0.41538	−0.038325	0.642232	−0.093034	0.134058	0.11009	0.013054	0.309058
CO2	0.113989	0.552701	−0.424629	0.26894	0.631242	−0.032861	0.777393	−0.06366	0.311804	0.135056	0.10815	0.471699
CO3	0.262441	0.531564	−0.424527	0.466008	0.485036	−0.207237	0.762851	−0.097853	0.150915	−0.023928	0.174596	0.420603
CO4	−0.166836	−0.258785	0.249927	−0.347183	−0.365434	0.175578	−0.714974	0.005716	−0.226849	−0.127911	−0.065086	−0.362734
CO5	0.331331	0.568245	−0.405759	0.510231	0.483457	−0.25956	0.774795	0.019606	0.284953	0.12179	0.192059	0.497525
IS1	0.044131	0.131661	0.110317	−0.014208	−0.146039	−0.099101	−0.094109	0.669582	0.239043	0.207506	0.092667	−0.06206
IS2	0.018349	−0.071544	0.142989	−0.016142	0.029275	0.032398	−0.075658	0.387296	0.269106	0.336697	0.245417	0.016014
IS3	0.04807	−0.079527	0.13757	0.049223	0.008729	0.080618	0.012992	0.465659	0.5299	0.554203	0.461417	0.071909
IS4	0.094206	−0.025611	0.117435	0.084594	−0.187565	−0.114766	−0.085762	0.769101	0.367511	0.459121	0.206724	0.058789
IS5	0.205099	0.070402	0.07607	0.057951	−0.09289	−0.102044	0.057095	0.732344	0.521296	0.460511	0.371718	0.172439
OE1	0.277289	0.313507	−0.234462	0.122006	0.212511	−0.153587	0.311047	0.425577	0.70327	0.434129	0.421318	0.406586
OE2	0.247987	0.346373	−0.346598	0.219226	0.332544	−0.162298	0.380304	0.285194	0.816003	0.421031	0.347283	0.59126
OE3	0.168111	0.183294	−0.170633	0.102401	0.164678	−0.072066	0.190526	0.359964	0.818611	0.531878	0.332156	0.323729
OE4	0.21453	0.130411	0.078399	0.0571	0.117994	0.004093	0.120914	0.331207	0.683353	0.473073	0.375786	0.207174
OE5	0.20482	0.111998	0.049654	0.221224	0.08398	−0.145789	0.127472	0.505496	0.722272	0.585349	0.492268	0.319851
OE6	0.106094	0.033264	0.026652	0.074139	0.038722	−0.010487	0.098891	0.228709	0.585294	0.354007	0.290238	0.186901
OE7	0.190721	0.145574	−0.199512	0.251208	0.03815	−0.226952	0.135366	0.511543	0.689545	0.549355	0.381615	0.288701
CU1	0.074298	−0.09817	0.193809	−0.090085	−0.042224	−0.028605	−0.040516	0.398977	0.472862	0.615724	0.417392	0.025222
CU2	0.071494	0.0708	−0.01147	0.194971	−0.013886	−0.118532	0.171298	0.484599	0.562943	0.864737	0.493145	0.18543
CU3	−0.029802	0.083261	−0.061882	0.129675	−0.22076	−0.048994	0.111257	0.34824	0.402046	0.629233	0.426251	0.063807
CU4	0.08047	−0.014299	−0.043862	0.107145	−0.025306	−0.204981	0.056254	0.452087	0.568007	0.831752	0.621241	0.184629
CU5	0.20622	0.123034	−0.066006	−0.00791	−0.005784	0.053035	0.053727	0.398348	0.533749	0.732927	0.546963	0.196621
CU6	0.124336	0.03904	−0.034775	0.122629	0.114161	−0.097415	0.130294	0.30148	0.421658	0.811843	0.547551	0.185001
CE1	0.142296	0.152978	−0.12767	0.146843	0.116345	−0.058148	0.242914	0.253789	0.433351	0.655452	0.677441	0.114501
CE2	0.172584	0.167658	0.029416	0.201604	0.076286	−0.103302	0.117213	0.379033	0.452859	0.566061	0.667541	0.087983
CE3	0.045217	0.119344	−0.106928	0.209258	0.189254	−0.111742	0.126319	0.215124	0.343426	0.401757	0.803353	0.214024
CE4	0.223495	0.114053	−0.16368	0.23946	0.210921	−0.185354	0.107009	0.232052	0.442147	0.607399	0.908312	0.264576
CE5	0.198708	0.159553	−0.12419	0.181723	0.22334	−0.102752	0.111368	0.198821	0.399951	0.496384	0.794871	0.257159
GU	0.29463	0.458468	−0.421139	0.392116	0.530131	−0.25513	0.536036	0.136288	0.516311	0.172856	0.197178	0.815185
OA	0.229007	0.504437	−0.541817	0.353182	0.535381	−0.246314	0.48806	0.035026	0.389836	0.159204	0.264403	0.853127
RA	0.296956	0.426925	−0.481555	0.464474	0.488386	−0.233843	0.494687	0.052999	0.438397	0.250684	0.245046	0.864493
FI	0.30244	0.399339	−0.41665	0.412581	0.494771	−0.187394	0.454721	0.032255	0.404379	0.165224	0.177577	0.856739

의 outer loading의 적재값(부하량)의 통계적 유의성 검정을 볼 때, 모두 통계적으로 높은 유의성을 보이고 있어, 1차 측정 도구가 잠재변수를 잘 설명한다고 볼 수 있다. 측정항목의 신뢰성과 타당성이 낮은 측정항목을 제거한 후 2차 측정 모형 평가를 다음 절에서 실시하였다.

(2) 2차 측정 모형의 신뢰성 및 타당성

1차 측정 모형에서 신뢰성이 낮은 측정문항과 타당성이 확보되지 못한 측정변수를 제거한 후 PLS 알고리즘 실행에 의해 도출된 비표준화된 잠재변수 점수(Latent variable scores)를 2차 잠재변수들의 측정변수로 사용하여 신뢰성 및 타당성을 평가하였다. 2차 측정 모형의 신뢰성 검정결과를 나타내는 〈표 9-5〉를 보면, 잠재변수 OCO만을

〈표 9-5〉 2차 측정 모형의 신뢰성 검정결과

구성	측정변수	문항제거 전		문항제거 후	
		Cronba's α	복합 신뢰성	Cronba's α	복합 신뢰성
조직문화－지향성 (OCO)	UA	0.54	0.66	0.80	0.86
	FO				
	PD				
	HO				
	PO				
	MF				
	CO				
문화 간 역량 (ICC)	IS	0.84	0.88	0.84	0.88
	OE				
	CU				
	CE				
다문화 조직성과 (MOP)	GU	0.91	0.94	0.91	0.94
	OA				
	RA				
	FI				
	PS				

제외하고 크론바 알파(chronba alpha)와 복합 신뢰성(CR)의 값이 모두 0.7 이상을 보이고 있다. 조직문화 지향성의 측정변수 MF와 PD를 제거한 후 크론바 알파와 복합 신뢰성은 모두 0.7보다 큰 값을 보이고 있어 2차 측정 모형의 내적 일관성은 확보되었다고 볼 수 있다.

2차 측정 모형의 수렴 및 판별 타당성 검토도 1차 측정 모형과 동일한 방법에 의해 수행한 결과가 각각 〈표 9-6〉과 〈표 9-7〉에서 보여주고 있다. 수렴 타당성은 AVE가 모두 0.5보다 크거나 0.5에 수

〈표 9-6〉 2차 잠재변수들 간 상관관계와 AVE의 제곱근

	AVE	OCO	ICC	MOP
OCO	**0.424**	**0.651**		
ICC	**0.642**	0.325	**0.801**	
MOP	**0.745**	0.332	0.197	**0.863**

* 대각선의 값은 AVE의 제곱근 값.

〈표 9-7〉 2차 측정 모형의 교차 적재값

	OCO	ICC	MOP
UA	0.553	0.257	0.224
FO	0.769	0.227	0.083
PD	−0.438	−0.132	−0.092
HO	0.710	0.240	0.226
OP	0.730	0.185	0.246
MF	−0.373	−0.159	−0.200
CO	0.840	0.230	0.317
IS	0.016	0.583	0.022
OE	0.354	0.894	0.219
CU	0.121	0.858	0.136
CE	0.287	0.833	0.132
GU	0.257	0.155	0.817
OA	0.283	0.126	0.846
RA	0.336	0.192	0.883
FI	0.275	0.143	0.880
PS	0.271	0.225	0.887

렴하고 있고, AVE의 제곱근 값이 2차 잠재변수들의 상관관계보다 모두 큰 값을 보이고 있다. 따라서 수렴 타당성은 있다고 볼 수 있다. 2차 측정 모형의 음영으로 처리된 교차 적재값들을 보면 0.7보다 크거나 0.7에 수렴하는 값들로 구성되어 다른 적재값보다 큰 값으로 구성되어야 하나 조직문화 지향성의 남성성/여성성(MF)과 권력 차이(PD)의 음영처리된 적재값이 0.7보다 작아 이 측정변수들을 제거한 후 〈표 9-8〉에서 보는 바와 같이 교차 적재값에서 2차 잠재변수가 2차 측정변수들을 잘 설명하고 있음을 보여주고 있다. 측정항목들의 적재값의 유의성 검정결과를 보여주는 〈표 9-9〉에 의하면, 2차 측정 모형의 outer loading의 모든 값은 $p<0.01(t>2.58)$에서 통계적으로 유의함을 보이고 있다. 따라서 2차 측정 모형의 판별 타당성이 확보되었다고 판단할 수 있다. 따라서 1차와 2차의 측정 모형 평가에서 신뢰성과 타당성이 확보된 측정 모형을 기반으로 구조 모형을 평가하

〈표 9-8〉 측정변수 MF와 PD 제거 후 2차 측정 모형의 교차 적재값

	OCO	ICC	MOP
UA	0.599622	0.258317	0.22492
FO	0.804474	0.228619	0.084239
HO	0.682119	0.240735	0.225027
PO	0.779929	0.18664	0.246171
CO	0.857129	0.230348	0.317712
IS	0.017054	0.583538	0.022129
OE	0.337445	0.894552	0.219068
CU	0.101864	0.855347	0.1374
CE	0.277217	0.833614	0.133468
GU	0.22854	0.1553	0.813792
OA	0.275034	0.125653	0.846885
RA	0.317544	0.191842	0.883506
FI	0.248235	0.143108	0.878331
PS	0.265833	0.225047	0.889413

〈표 9-9〉 2차 측정 모형의 outer loading의 유의성 검정

	경로계수	표준오차	T값
UA ← OCO	0.553	0.059	9.411
FO ← OCO	0.769	0.030	25.455
PD ← OCO	−0.438	0.071	6.210
HO ← OCO	0.710	0.036	19.602
PO ← OCO	0.730	0.040	18.310
MF ← OCO	−0.373	0.073	5.148
CO ← OCO	0.840	0.021	39.970
IS ← ICC	0.583	0.063	9.248
OE ← ICC	0.894	0.013	70.153
CU ← ICC	0.858	0.024	35.762
CE ← ICC	0.833	0.023	35.609
GU ← MOP	0.817	0.019	43.957
OA ← MOP	0.846	0.016	53.091
RA ← MOP	0.883	0.013	69.332
FI ← MOP	0.880	0.015	56.850
MOP ← MOP	0.887	0.014	65.537

*** Significant at P<0.01(t>2.58), ** Significant at P<0.05(t>1.96), * Significant at P<0.1(t>1.64)

는 데 문제가 없음을 알 수 있다.

2. 구조 모형 평가

본 연구 모형은 잠재 구성들 간 경로계수뿐만 아니라 내생 구성을 설명하는 분산을 제공하는 PLS 모형을 사용하여 분석되었다. 각 구성이 반영적(reflective) 측정으로 이루어진 본 PLS 모형은 각 측정항목에 대해 적재값(부하량)을 제공해 준다. 이 PLS는 연구 모형의 경로계수에 대해 직접적으로 유의성 검정이나 계수 구간 추정을 제공해 주

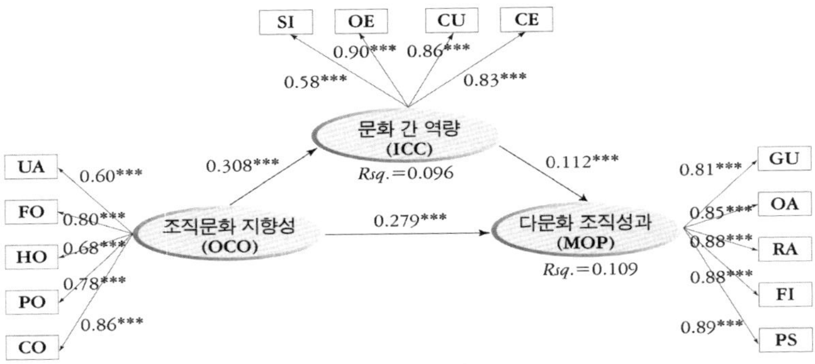

***Significant at P<0.01(t>2.58), **Significant at P<0.05(t>1.96), *Significant at P<0.1(t>1.64)

〈그림 9-1〉 PLS 분석 결과

지 못하기 때문에 부트스트래핑(bootstrapping) 기법을 이용하고 있다. 부트스트랩(Bootstrap) 분석은 1,000가지 샘플의 각각을 이용하여 경로계수를 재추정한다. 이 기법은 모수 추정 벡터를 사용하여 모수평균, 표준오차, 경로계수의 유의성, 측정문항의 적재값과 가중치를 계산해준다. 이 기법을 이용한 구조 모형에 대한 분석결과를 〈그림 9-1〉에서 보여주고 있다. 굵은 화살표는 경로가 통계적으로 유의함을 가리키고, 화살표 위의 숫자는 경로계수(표준화회귀계수)를 의미한다.

(1) 적합도 분석

Tenenhaus et al.(2005)은 PLS 모형에서 글로벌 적합지수로 GOF (Goodness-of-Fit)의 사용을 제안하고 있다. 이는 잠재변수에 대해 평균 공통성(communality)과 평균 R-Square의 기하평균에 의해 구한다. PLS 모형에서 공통성은 AVE(Average Variance Extracted)와 동일하기 때문에 공통성에 대해서도 임계치(cut-off value)인 0.5를 적용할 수 있다(Fornell and Larcker, 1981). Cohen(1988)이 제시한 효과 크기(effect size)를 평가하는 기준 0.02(약함), 0.15(중간), 0.35(강함)를 이용하여 GoF의 평가 기준을 고려할 수 있다. 따라서 최소 평균 AVE 값 0.5와 강·중·약 기준을 적용함으로써 GoF의 기준을 0.1(소), 0.27(중), 0.42(대)에 의해 판단할 수 있다. 본 연구 모형에 대해 GoF의 값은 0.26으로 평가 기준에 대한 중간 임계치 0.27에 수렴하고 있다. 이는 본 연구의 연구 모형이 앞에서 제시한 기준값과 비교하여 적합함을 보여주고 있음을 의미한다.

(2) 경로계수분석

앞의 〈그림 9-1〉의 PLS 분석결과와 〈표 9-10〉의 경로계수 유의성 검정에 따르면 앞에서 제시한 연구 모형의 연구문제 3을 제외한 모든 것을 검정할 수 있다. 연구문제 3는 다음의 조절효과에서 다룬다. PLS 분석결과를 보여주는 〈그림 9-1〉에서 잠재변수 간 굵은 화살표는 통계적으로 유의성이 있는 경로를 의미하고 선 위의 숫자는 표준회귀계수인 경로계수를 의미한다. 이는 경로계수와 t-통계량을 보여 주고 있는 경로계수의 유의성 검정 〈표 9-3〉과 일치한다.

PLS 분석결과를 보여주는 〈그림 9-1〉과 〈표 9-10〉에 의하면 H1

〈표 9-10〉 경로계수의 유의성 검정

경로	경로계수	표준오차	T값
OCO → ICC***	0.309312	0.035733	8.656188
OCO → MOP***	0.277919	0.052217	5.322414
ICC → MOP**	0.11156	0.05647	1.975571

***Significant at $t>2.58(p<0.01)$, **Significant at $t>1.96(p<0.05)$, *Significant at $t>1.65(p<0.1)$

(문화 간 역량(ICC) → 다문화 조직성과(MOP), $\beta=0.11$, $p<0.001$), H2(조직문화 지향성(OCO) → 다문화 조직성과(MOP), $\beta=0.28$, $p<0.001$), H3(조직문화 지향성(OCO) → 문화 간 역량(ICC), $\beta=0.31$, $p<0.001$)의 연구가설은 통계적으로 긍정적 유의함을 보이고 있다.

(3) 다문화 조직성과와 문화 간 역량 요인(가설 1에 대한 검정)

다문화 조직의 문화 간 역량(ICC) 요인들이 다문화 조직성과(MOP)에 영향을 미치는가에 관한 가설을 검정하기 위해 회귀분석을 실시하였다. 회귀분석을 수행하기 위한 기본적인 잔차(Residual)항에 대한 독립성 가정을 검정하기 위해 실시한 더빈-왓슨(Durbin-Watson) 값을 〈표 9-11〉에서 살펴보면 값이 2에 수렴하므로 독립성 가정이 충족된다고 볼 수 있다. 또 회귀분석을 적용하기 위해서 중요한 전제조건 중의 하나가 독립변수들 간 상호 연관되어 있지 않고 독립적이어야 한다는 것이다. 일반적으로 이에 대한 측정은 공선성 통계량으로 공차(tolerance)가 0.1 미만이거나 분산팽창계수(VIF)가 10 이상이면 다

〈표 9-11〉 가설 1에 대한 회귀분석결과

모형	비표준화 계수		표준화 계수	t	유의확률	공선성 통계량	
	B	표준오차	베타			공차	VIF
절편	.000	.001		.322	.748		
대인관계기술(IS)	.164	.000	.223	1051.581	.000	.627	1.595
조직 효과성(OE)	.283	.000	.341	1433.154	.000	.497	2.013
문화 불확실성(CU)	.290	.000	.327	1160.987	.000	.356	2.808
문화적 공감(CE)	.263	.000	.318	1350.790	.000	.507	1.971
D−W=2.244, R−sq=1.00, F=8866153.56, Sig.=0.000							

***Significant at t>2.58(p<0.01), **Significant at t>1.96(p<0.05), *Significant at t>1.65(p<0.1)

중공선성이 존재하여 회귀분석결과를 왜곡시킬 수가 있다. 〈표 9-11〉에서 공차(tolerance)는 모두 0.1보다 크고 분산팽창계수가 10보다 작아 다중공선성이 존재하지 않는 것으로 볼 수 있다.

〈표 9-11〉의 분석결과를 구체적으로 살펴보면, 문화 간 역량의 모든 요인들은 $p<0.001$에서 다문화 조직성과에 유의한 영향을 미치고 있음을 보이고 있다. 이러한 다문화 조직성과에 미치는 문화 간 역량 요인의 영향요인들의 상대적 중요도를 파악하기 위해서 표준화 베타계수를 보면 알 수 있는데, 조직 효과성(0.341), 문화 불확실성(0.327), 문화적 공감(0.318), 대인관계기술(0.223) 순으로 중요한 요인으로 볼 수 있다.

(4) 다문화 조직성과와 문화 지향성 요인(가설 2에 대한 검정)

다문화 조직의 문화 지향성(OCO) 요인들이 다문화 조직성과(MOP)에 영향을 미치는가에 관한 가설을 검정하기 위해 회귀분석을 실시하였다. 회귀분석을 수행하기 위한 기본적인 잔차(Residual)항에 대한 독립성 가정을 검정하기 위해 실시한 더빈-왓슨(Durbin-Watson) 값을 〈표 9-12〉에서 살펴보면 값이 2에 수렴하므로 독립성 가정이 충족된다고 볼 수 있다. 또 회귀분석을 적용하기 위해서 중요한 전제조건 중의 하나가 독립변수들 간 상호 연관되어 있지 않고 독립적이어야 한다는 것이다. 일반적으로 이에 대한 측정은 공선성 통계량으로 공차(tolerance)가 0.1 미만이거나 분산팽창계수(VIF)가 10 이상이면 다중공선성이 존재하여 회귀분석결과를 왜곡시킬 수가 있다. 〈표 9-12〉에서 공차(tolerance)는 모두 0.1보다 크고 분산팽창계수가 10보다 작아 다중공선성이 존재하지 않는 것으로 볼 수 있다.

〈표 9-12〉 가설 2에 대한 회귀분석결과(종속변수: 다문화 조직성과)

모형	비표준화 계수		표준화 계수	t	유의확률	공선성 통계량	
	B	표준오차	베타			공차	VIF
절편	4.422	.351		12.588	.000		
불확실성 회피(UA)	.113	.063	.201	1.783	.078	.727	1.376
미래 지향성(FO)	.003	.071	.006	.038	.970	.428	2.338
인간 지향성(HO)	.104	.071	.166	1.465	.146	.718	1.393
성과 지향성(PO)	−.036	.069	−.070	−.523	.602	.513	1.948
집단주의(CO)	.039	.089	.067	.443	.659	.406	2.463
D−W=1.795, F=1.886, Sig.=0.104							

***Significant at t>2.58(p<0.01), **Significant at t>1.96(p<0.05), *Significant at t>1.65(p<0.1)

〈표 9-12〉의 회귀분석결과에 따르면, 불확실성 회피는 유의확률이 0.078, t 값이 1.783으로 유의수준 0.01보다 작고, t 값 2.58보다 크므로 다문화 조직성과 향상에 유의한 영향을 미치고 있다고 볼 수 있다. 나머지 조직문화 지향성 요인들은 다문화 조직성과에 유의하지 않은 것으로 나타났다.

(5) 문화 간 역량과 조직문화 지향성 요인(가설 3에 대한 검정)

다문화 조직의 문화 지향성(OCO) 요인들이 다문화 조직의 문화 간 역량(ICC)에 영향을 미치는가에 관한 가설을 검정하기 위해 회귀분석을 실시하였다. 회귀분석을 수행하기 위한 기본적인 잔차(Residual)항에 대한 독립성 가정을 검정하기 위해 실시한 더빈-왓슨(Durbin-Watson) 값을 〈표 9-13〉에서 살펴보면 값이 2에 수렴하므로 독립성 가정이 충족된다고 볼 수 있다. 또 회귀분석을 적용하기 위해서 중요한 전제조건 중의 하나가 독립변수들 간 상호 연관되어 있지 않고 독

〈표 9-13〉 가설 3에 대한 회귀분석결과(종속변수: 문화 간 역량)

모형	비표준화 계수		표준화 계수	t	유의확률	공선성 통계량	
	B	표준오차	베타			공차	VIF
절편	.000	.001		−.263	.793		
불확실성 회피(UA)	.164	.000	.212	1468.366	.000	.727	1.376
미래 지향성(FO)	.190	.000	.285	1511.041	.000	.428	2.338
인간 지향성(HO)	.207	.000	.241	1660.188	.000	.718	1.393
성과 지향성(PO)	.194	.000	.276	1606.011	.000	.513	1.948
집단주의(CO)	.245	.000	.303	1567.071	.000	.406	2.463
D−W=2.353, F=13169195, Sig.=0.000							

***Significant at t>2.58(p<0.01), **Significant at t>1.96(p<0.05), *Significant at t>1.65(p<0.1)

립적이어야 한다는 것이다. 일반적으로 이에 대한 측정은 공선성 통계량으로 공차(tolerance)가 0.1 미만이거나 분산팽창계수(VIF)가 10 이상이면 다중공선성이 존재하여 회귀분석결과를 왜곡시킬 수가 있다. 〈표 9-13〉에서 공차(tolerance)는 모두 0.1보다 크고 분산팽창계수가 10보다 작아 다중공선성이 존재하지 않는 것으로 볼 수 있다.

〈표 9-13〉의 분석결과를 구체적으로 살펴보면, 다문화 조직의 문화 지향성의 모든 요인들은 p<0.001에서 문화 간 역량에 유의한 영향을 미치고 있음을 보이고 있다. 이러한 문화 간 역량에 미치는 조직문화 지향성의 영향 요인들의 상대적 중요도를 파악하기 위해서 표준화 베타계수를 보면 알 수 있는데, 집단주의(0.303), 미래 지향성(0.285), 성과 지향성(0.276), 인간 지향성(0.241), 불확실성 회피(0.212) 순으로 중요한 요인으로 볼 수 있다.

(6) 매개 효과 분석(가설 4에 대한 검정)

매개 효과(mediating effect)는 다문화 역량(ICC)이 조직의 문화 지향성(OCO)과 다문화 조직성과 간에 매개역할을 하고 있는지 여부를 보여준다. 일반적으로 매개 효과의 유의성을 검정하기 위해 Sobel 검정을 많이 이용하고 있다(Sobel, 1982). 이 검정은 매개변수가 종속변수에 대한 독립변수의 영향에 간접 영향의 유의성을 측정하기 위해서 사용된다. 다시 말해서 이 Sobel 검정은 독립변수와 종속변수 간 간접경로가 통계적으로 0과 유의하게 다른지를 보이기 위한 통계적 검정이다. 이 Sobel 검정 통계량은 다음과 같은 식에 의해 구한다(Sobel, 1982).

$$z = \frac{a \times b}{\sqrt{b^2 \times S_a^2 + a^2 \times S_b^2}}$$

이 식에서 a와 S_a는 각각 독립변수와 매개변수 간 비표준화 계수(경로계수)와 표준오차를 의미하고, b와 S_b도 각각 매개변수와 종속변수 간 비표준화 계수와 표준오차를 의미한다. 독립변수가 종속변수에 직접적 · 간접적인 영향을 미치고 있으므로 본 연구에서는 직/간접적 영향력 정도를 매개 효과 분석을 통해 파악하고자 한다.

본 연구는 Baron & kenny(1986)가 매개 효과를 검정하기 위해 제시한 3단계 접근법을 기반으로 PLS 모형을 이용하여 다음과 같이 측정하였다.

(1) 조직의 문화 지향성은 다문화 조직성과와 직접적인 관계가 있어야 한다.

(2) 조직의 문화 지향성은 문화 간 역량과 직접적인 관계가 있어야 한다.

〈표 9-14〉 매개 효과 검정결과

매개 효과 검정 절차	경로계수	표준오차	t 값
1. OCO → MOP***	0.328	0.044	7.474
2. OCO → ICC***	0.318	0.032	10.036
3. OCO → MOP***	0.297	0.046	6.477
ICC → MOP**	0.110	0.049	2.263

***Significant at $t>2.58(p<0.01)$, **Significant at $t>1.96(p<0.05)$, *Significant at $t>1.65(p<0.1)$

(3) 조직의 문화 지향성과 문화 간 역량 모두는 다문화 조직성과와 직접적인 관계가 있어야 한다.

매개 효과는 앞의 3단계에 대해 다음과 같은 조건을 만족할 때 존재한다. (1) 첫 번째 단계에서 문화 지향성은 다문화 조직성과에 유의한 영향을 미쳐야 한다. (2) 두 번째 단계에서 조직문화 지향성은 문화 간 역량에 유의한 영향을 미쳐야 한다. (3) 세 번째 단계에서 문화 간 역량은 다문화 조직성과에 유의한 영향을 미쳐야 한다. 그리고 세 번째 단계의 조직문화 지향성이 다문화 조직성과에 미치는 영향이 첫 번째 단계보다 작아야 한다. 이 모든 조건을 만족할 때 매개효과가 존재한다고 볼 수 있다. 마지막으로 세 번째 단계에서 매개변수(문화 간 역량)가 다문화 조직성과에 유의한 영향을 미치지 않으면 완전 매개 효과가, 유의한 영향을 미치면 부분 매개 효과가 존재한다고 볼 수 있다(Baron & kenny, 1986).

〈표 9-14〉는 문화 간 역량(ICC)이 조직의 문화 지향성(OCO)과 다문화 조직성과(MOP) 간 관계를 매개하고 있는지를 검정하기 위해 PLS 모형을 이용한 3단계 접근법을 보여주고 있다. 첫 번째 단계에서 조직문화 지향성은 다문화 조직성과에 $p<0.01$에서 경로계수($\beta=0.328$)로 정의 방향으로 유의한 영향을 미친다. 두 번째 단계는 조직문화 지향성이 문화 간 역량에 $p<0.01$에서 경로계수($\beta=0.318$)로

정의 방향으로 유의한 영향을 미친다. 마지막으로 조직문화 지향성과 문화 간 역량은 모두 다문화 조직성과에 유의한 영향을 미치고 있으며, 조직문화 지향성이 다문화 조직성과에 미치는 영향이 첫 번째 단계보다 세 번째 단계에서 더 작다. 따라서 문화 간 역량이 조직문화 지향성과 다문화 조직성과 간 관계를 매개하고 있음을 알 수 있다. 제3단계에서 매개변수인 문화 간 역량이 다문화 조직성과에 유의한 영향을 미치고 있으므로 이 매개 효과는 부분 매개 효과임을 알 수 있다.

PLS 모형을 이용하여 Sobel 검정 시 주의를 해야 한다. PLS에서 제시해주는 경로계수는 표준 회귀계수만을 제시해 주기 때문이다. Sobel 검정을 위해서 이 표준 회귀계수를 비표준 회귀계수로 변환하여 Sobel 검정 통계량을 구해야 한다. PLS 모형에서 비표준 회귀계수는 종속변수의 표준 회귀계수와 표준편차를 곱한 결과를 독립변수의 표준편차로 나누어서 구한다(〈표 9-15〉). 〈표 9-15〉를 이용하여 Sobel 검정 통계량(z) 값은 3.145($p<0.01$)로, 통계적으로 유의함을 보이고 있다. 따라서 Sobel 검정은 문화 간 역량이 조직문화 지향성과 다문화 조직성과 간 관계에 매개 영향을 미치고 있음을 알 수 있다.

〈표 9-15〉 Sobel 검정을 위한 비표준 회귀계수

매개 효과 검정 절차	표준 회귀계수	종속변수의 표준편차	독립변수의 표준편차	비표준 회귀계수	표준오차
1. OCO → MOP***	0.328	0.697	1.245	0.184	0.044
2. OCO → ICC***	0.318	0.955	1.245	0.244	0.032
ICC → MOP	0.198	0.697	0.955	0.145	0.042
3. OCO → MOP***	0.297	0.697	1.245	0.166	0.046
ICC → MOP**	0.110	0.697	0.955	0.080	0.049

3. 분석결과

Matveev(2002)는 그의 박사학위 논문에서 다문화 조직의 문화 간 통합 소통역량 모형을 제시하고 있다. 다문화 조직은 서로 다른 문화와 특성을 가진 사람들로 구성되고, 문화 간 소통역량은 대인관계기술, 조직 효과성, 문화 불확실성, 문화적 공감성의 4가지 차원으로 구성하였다.

조직문화 지향성은 Hofstede(1980, 1991)와 House, et al.(2004)에서 제시한 차원을 결합하여 7가지 문화 지향성 차원—불확실성 회피(uncertainty avoidance), 미래 지향성(future orientation), 권력 차이(power distance), 인간 지향성(human orientation), 성과 지향성(performance orientation), 남성성/여성성, 집단주의(collectivism)—을 제시하였다.

Watson et al.(1993)은 문화적으로 다양한 조직은 문제를 정의하고 해법을 생성하는 데 동질 집단의 조직보다 우수한 성과를 나타내고 있음을 밝혔다. 다문화 조직을 활용함으로써, 기업들은 유의한 생산성을 획득하고 있다(Townsend et al., 1998). 따라서 다문화 조직의 문화 지향성과 문화 간 역량은 다문화 조직의 성과 향상에 기여할 수 있다.

연구문제를 파악하기 위해서 우선 측정의 일관성과 측정도구의 적합성 파악을 위해 측정 모형의 신뢰성과 타당성 검사결과 신뢰성이 낮고 타당성이 낮은 조직문화 지향성의 권력 차이와 남성성/여성성을 제거한 후 구조 모형 분석을 통해 다음과 같은 연구문제에 대한 결과를 얻었다. 연구가설에 대한 분석에 대한 요약은 〈표 9-16〉에 제시되어 있다.

〈표 9-16〉 연구가설 검정결과 요약

가설	경로	표준회귀계수	표준오차	t 값	채택/기각
가설1	ICC → MOP	0.112	0.056	1.976	채택
1a	IS → MOP	.223	.000	1051.581	채택
1b	OE → MOP	.341	.000	1433.153	채택
1c	CU → MOP	.327	.000	1160.987	채택
1d	CE → MOP	.318	.000	1350.790	채택
가설2	OCO → MOP	0.278	0.052	5.322	채택
2a	UA → MOP	.201	.063	1.783	채택
2b	FO → MOP	.006	.071	.038	기각
2d	HO → MOP	.166	.071	1.465	기각
2e	PO → MOP	−.070	.069	−.523	기각
2g	CO → MOP	.067	.089	.443	기각
가설3	OCO → ICC	0.309	0.036	8.656	채택
3a	UA → MOP	.212	.000	1468.366	채택
3b	FO → MOP	.285	.000	1511.041	채택
3d	HO → MOP	.241	.000	1660.188	채택
3e	PO → MOP	.276	.000	1606.011	채택
3g	CO → MOP	.303	.000	1567.071	채택
가설4	경로	비표준 회귀계수	표준오차	Sobel z	채택
	OCO → ICC	0.244	0.032	3.140	
	ICC → MOP	0.145	0.042		

* 측정 모형 평가에서 삭제된 변수에 대한 가설은 포함하지 않았음.

첫 번째 연구문제는 문화 간 역량이 다문화 조직성과에 미치는 영향이다. 다문화 조직의 문화 간 역량은 다문화 조직성과에 긍정적인 역할을 하는 것으로 나타났다. 모든 문화 간 역량 요인들은 다문화 조직성과에 통계적으로 유의한 영향을 미치고 있는 것으로 나타났다. 다문화 조직성과에 대한 문화 간 역량 요인들의 영향에 대해 조직 효과성(0.341), 문화 불확실성(0.327), 문화적 공감(0.318), 대인관계기술(0.223) 순으로 중요한 요인으로 나타났다.

두 번째 연구문제는 조직문화 지향성이 다문화 조직성과에 어떻게 영향을 미치는가이다. 이를 검정하기 위해 구조방정식 모형의 PLS 분석결과 정의 영향을 미치고 있는 것으로 파악되었다. 또 어떤 요인이 가장 많은 영향을 미치는지 알아보기 위해 회귀분석을 수행한 결과 불확실성 회피가 가장 많은 영향을 미치고 있는 것으로 나타났다. 따라서 다문화 조직 내에 불확실성 회피의 높은 문화를 만드는 것이 중요하다 하겠다. 다문화에 기반을 둔 조직의 구성원들 간 불확실성으로 판단되는 것은 모두 드러내어 확실성으로 바꾸어 확실한 기댓값을 가지고 일을 할 수 있는 환경을 만드는 것이 중요하다고 볼 수 있다.

세 번째 연구문제는 다문화 조직의 문화 지향성이 다문화 역량에 어떻게 영향을 미치는지에 대한 것이다. 이를 파악하기 위해 PLS를 분석한 결과 정의 영향을 미치고 있는 것으로 드러났다. 또 어느 조직문화 지향성 요인이 어떻게 영향을 미치고 있는지를 파악하기 위해 종속변수를 문화 간 역량, 독립변수를 조직문화 지향성으로 하여 회귀분석한 결과 집단주의(0.303), 미래 지향성(0.285), 성과 지향성(0.276), 인간 지향성(0.241), 불확실성 회피(0.212) 순으로 중요한 요인으로 나타났다.

네 번째 연구문제는 문화 간 역량의 매개 효과 분석을 위해 우선 유의성 검정으로 Sobel 검정을, 매개 효과의 3단계 검정을 통해 파악하였다. 문화 간 역량의 Sobel 검정결과는 조직문화 지향성이 다문화 조직성과에 간접 영향으로 유의한 것으로 나타났다. 3단계 검정의 결과는 부분 매개 효과가 있는 것으로 나타났다.

결론적으로 다문화 조직성과에 높은 영향을 미치기 위해서는 조직문화 지향성과 문화 간 역량의 수준을 높여 직접적인 개선을 높일 수 있지만, 문화 간 역량은 조직문화 지향성과 다문화 조직성과 간 매개 역할로 간접 효과를 통해 성과를 높일 수 있다.

X. 요약 및 결론

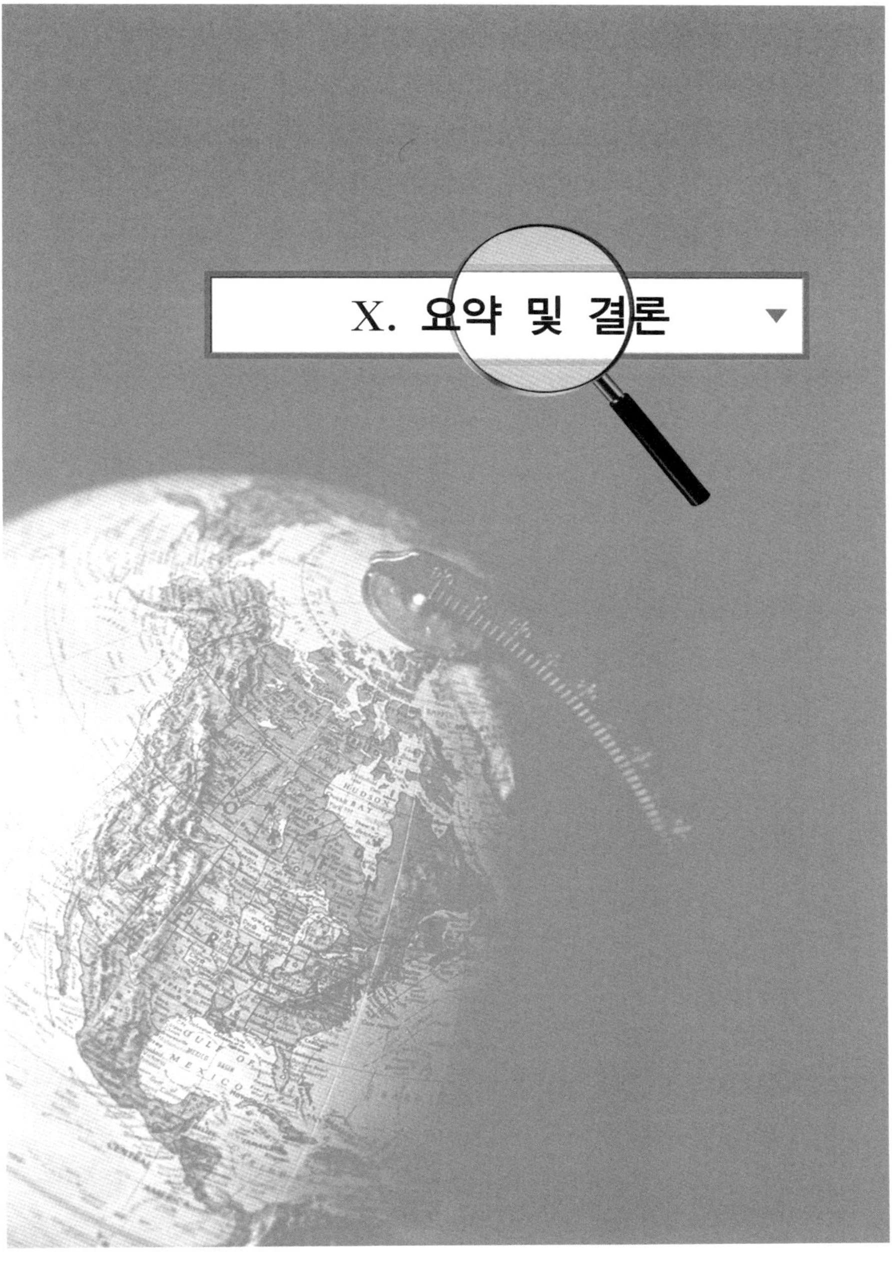

X. 요약 및 결론

1. 요약 및 시사점

본 연구는 국내 기업에서 종사하고 있는 외국 근로자의 다문화 상황에서 자신들의 행위의 지각에 대한 실증분석을 통해 조직의 문화 지향성이 문화 간 역량과 다문화 조직성과에 어떻게 영향을 미치는가를 밝히고 문화 간 역량의 매개 효과가 있는지를 PLS(Partial Least Squares) 모형을 사용하여 분석하였다. 이를 위해 우선 측정의 일관성과 측정도구의 적합성 파악을 위해 측정 모형의 신뢰성과 타당성 검사를 실시하였다.

측정 모형은 고차원 모형의 2단계 접근법(two-step approach)을 사용하여 평가하였다. 1차 측정 모형 평가에서 측정변수의 측정항목들 중 요인 부하량이 0.6보다 적은 권력 차이의 PD1, 인간 지향성의 HO2, 대인관계기술의 IS2와 IS3, 남성성/여성성의 MF2와 MF4, 집단주의 CO4를 제거한 후 이 측정변수들의 신뢰성과 복합 신뢰성이 높게 나타나 측정도구의 내적 일관성이 확보되었다. 또한 타당성 분석을 통해 측정항목들이 단일 차원성(unidimensionality)으로 표현되어 있음을,

그리고 개념적으로 다른 두 구성이 충분한 차이가 있는지를 검토하였다. 그 결과 권력 차이의 PD1, 인간 지향성의 HO2, 대인관계기술의 IS2와 IS3, 남성성/여성성의 MF2와 MF4, 집단주의 CO4 항목이 기준치를 미달하여 제거 후 집중 타당성과 판별 타당성 평가 기준을 상회하여 2차 측정 모형에 대한 신뢰성과 타당성을 평가하였다. 2차 측정 모형은 1차 측정 모형의 결과로 나타나는 비표준 잠재변수 점수를 이용하여 구성하였다. 이 2차 측정 모형의 신뢰성 분석에는 내적 일관성이 있는 것으로 나타났으나, 타당성 분석에서 권력 차이(PD)와 남성성/여성성(MF)의 판별 타당성이 기준에 미치지 못하였다. 이 두 측정변수를 제거한 후 신뢰성은 크게 향상되었고 집중 및 판별 타당성도 기준치를 넘어 구조 모형을 평가할 수 있는 단계에 이르렀다.

구조 모형 평가를 위해 우선 모형 적합도를 평가하였다. PLS 모형에서는 적합도를 측정하는 지표가 제공되지 않으나, 일반적으로 사용하는 글로벌 적합도 지수(GOF)를 사용하였다. 본 연구의 GOF의 값이 0.26으로 평가 기준에 대한 중간 임계치 0.27에 수렴하여 연구 모형의 적합성을 보여주었다.

구조 모형의 두 번째 평가인 경로분석을 통해 본 연구의 가설들을 검정하였다. 경로분석은 PLS 모형에 의해 평가하였고, 다문화 조직성과에 미치는 다문화 조직의 문화 지향성과 문화 간 역량 요인들을 밝히기 위해서 회귀분석을 이용하였다.

첫 번째는 문화 간 역량이 다문화 조직성과에 미치는 영향이다. 다문화 조직의 문화 간 역량은 다문화 조직성과에 긍정적인 영향을 미치는 것으로 나타났다(H1, 문화 간 역량(ICC) → 다문화 조직성과(MOP), $\beta=0.11$, $p<0.001$). 다문화 조직의 관리자는 조직의 성과 향상을 위해서 서로 다른 구성원들이 다른 문화의 구성원의 문화를 이해하고 의

사소통을 높일 수 있는 훈련 프로그램을 구축하여 구성원들을 교육시켜야 한다. 어떤 문화 간 역량 요인에 대해 우선적으로 훈련시켜야 하는지를 파악하기 위해 조직성과를 종속변수로 하고, 문화 간 역량을 독립변수로 하는 회귀분석을 실시한 결과 조직 효과성(0.341), 문화 불확실성(0.327), 문화적 공감(0.318), 대인관계기술(0.223) 순으로 나타났다. 우선적으로 다문화 조직 관리자는 조직 효과성 향상을 위한 노력을 기울여야 한다. 조직 효과성을 향상시키기 위해서는 다문화를 기반으로 하는 구성원들 간 조직의 목표나 규범을 공유할 수 있는 프로그램의 설정과 참여할 수 있는 동기를 제공해야 한다. 또한 일하는 방법의 차이를 인정함과 동시에 구성원들 간 토론문화의 정착, 협력문화의 유도, 서로 간 갈등 표출 시 신속한 대처 방안 구축, 상호 존중, 그리고 상호 피드백을 할 수 있는 제도 구축을 통해 조직 효과성을 향상시킬 수 있다.

두 번째는 문화 불확실성을 줄임으로써 다문화 조직성과를 향상시킬 수 있다. 문화 불확실성을 줄이기 위해서는 불확실성에 대한 대처 능력의 향상, 다문화 구성원들에 대한 인내와 관용, 문화 차이에 대한 개방적인 태도, 다문화에 의한 변화와 위험의 수용, 업무의 융통성 등이 필요하다.

세 번째는 문화적 공감성을 가짐으로써 문화 간 역량을 높일 수 있다. 다문화 조직의 구성원들 간 문화적 공감성을 높이기 위해서는 서로 다른 문화적 관점의 깊은 이해, 서로 다른 문화의 가치, 믿음, 의사소통 형태 등에 대한 깊은 연구, 서로 다른 문화에 따른 업무 수행방법의 이해 및 수용, 타 문화에 대해 판단하지 않는 태도를 통해 가능하다.

마지막으로 문화 간 역량을 높일 수 있는 방법은 다문화 구성원들 간 대인관계기술의 향상을 통해서이다. 이는 구성원들 간 의사소통과 상호작용에서 서로 차이가 있음을 인정하고, 서로 오해한 것에 대한 올바른 대처, 문화적 배경에 대한 올바른 이해 등을 통해 대인관계기술을 향상시킬 수 있다.

두 번째 연구문제는 조직문화 지향성이 다문화 조직성과에 어떻게 영향을 미치는가이다. 이를 검정하기 위해 구조방정식 모형의 PLS 분석결과 정의 영향을 미치고 있는 것으로 파악되었다(H2, 조직문화 지향성(OCO) → 다문화 조직성과(MOP), $\beta=0.28$, $p<0.001$). 다문화 조직 관리자는 조직성과 향상을 위해서 문화 지향성에 대한 다문화 관리가 필요하다 하겠다. 관리자는 다문화 조직 구성원들이 조직성과를 향상시킬 수 있는 조직문화를 형성할 수 있는 장기 프로그램이 필요하다. 이를 위해서 불확실성 회피, 미래 지향성, 권력 차이, 인간 지향성, 성과 지향성, 남성성/여성성 지향, 집단주의 등에 대해 다문화 조직에 적합한 방향으로 문화가 배양될 수 있는 풍토 조성이 필요하다. 본 연구에서는 이러한 요인들 중에서 불확실성 회피가 조직성과에 가장 높은 영향을 미치고 있는 것으로 나타났다. 따라서 불확실성을 피하거나 줄이기 위해서는 다문화 조직 구성원들 간 통용할 수 있는 표준업무 절차(SOP) 구축 및 일관성 있는 업무의 처리와 직무의 기술서나 요구서를 명확히 하여 구성원들의 정확한 업무 파악 등을 통해 구성원들의 다문화 배경으로 인한 불확실성을 줄일 수 있다.

세 번째 연구문제는 다문화 조직의 문화 지향성이 다문화 역량에 어떻게 영향을 미치는지에 대한 것이다. 이를 파악하기 위해 PLS를 분석한 결과 정의 영향을 미치고 있는 것으로 나타났다(H3, 조직문화 지향성(OCO) → 문화 간 역량(ICC), $\beta=0.31$, $p<0.001$). 높은 수준의 조직문화 지향성은 문화 간 역량을 향상시키고 결국은 다문화 조직의 성

과를 향상시키는 데 기여한다. 다문화 관리자는 다문화 조직의 높은 수준의 문화 지향을 위해서 집단주의(0.303), 미래 지향성(0.285), 성과 지향성(0.276), 인간 지향성(0.241), 불확실성 회피(0.212) 순으로 고려해야 한다. 우선 다문화 관리자는 다문화 조직의 집단주의 지향을 통해 다문화 구성원들의 직무 몰입, 직무 만족, 조직 충성도를 높여야 한다. 둘째로 미래 지향성 향상을 위해서 사전에 일을 계획하고 수행하는 습관을 길러야 한다. 셋째로 인간 지향성 향상을 위해서는 다문화 구성원들에 대한 관심, 친절, 관대할 수 있는 태도를 가져야 한다. 마지막으로 불확실성을 피하거나 줄이기 위해서는 다문화 조직 구성원들 간 통용할 수 있는 표준 업무 절차(SOP) 구축 및 일관성 있는 업무의 처리와 직무의 기술서나 요구서를 명확히 하여 구성원들의 정확한 업무 파악 등을 통해 구성원들의 다문화 배경으로 인한 불확실성을 줄여야 한다.

네 번째 연구문제는 문화 간 역량의 매개 효과 분석이다. Sobel 검정결과 문화 간 역량이 조직문화 지향성과 다문화 조직성과 간 관계에 간접 영향에 대해 유의한 것으로 나타났다($z=3.145$, $p<0.01$). 또 PLS 모형을 기반으로 Baron & kenny(1986)의 3단계 검정의 결과는 부분 매개 효과가 있는 것으로 나타났다.

결론적으로 다문화 조직성과에 높은 영향을 미치기 위해서는 조직문화 지향성과 문화 간 역량의 수준을 높여 직접적인 개선을 높일 수 있지만, 문화 간 역량을 조직문화 지향성과 다문화 조직성과 간 매개 역할로 간접 효과를 통해서도 성과를 높일 수 있다. 다문화 관리자는 조직문화 지향의 직접 효과뿐만 아니라 문화 간 역량의 간접 효과를 통해 조직성과를 향상시킬 수 있는 방안을 강구해야 한다.

2. 연구의 한계 및 향후 연구방향

본 연구는 다문화 조직성과, 문화 간 역량, 조직문화 지향성 간 관계의 실증분석을 통해 다문화 조직에서 일하고 있는 관리자를 위한 시사점을 제시하였다. 또 다문화 조직의 문화 지향성과 다문화 조직성과 간 관계, 문화 간 역량과 조직성과 간 관계를 명확하게 제시하였고, 문화 간 역량의 간접 효과를 입증하였다. 그러나 다음과 같은 몇 가지의 한계점들을 가지고 있다.

첫째로, 설문조사에서 기업 수준, 부서 수준, 개인 수준에서 수행했을 경우 좀 더 유익한 시사점을 밝힐 수 있을 것으로 판단했으나 현실적으로 한국 내 종사하고 있는 외국인 국적의 사람들로부터 설문을 받기가 어려웠다. 향후 문화 다양성 수준이 좀 더 성숙되었을 때 이에 대한 설문조사 및 분석은 의미 있는 결과가 도출될 수 있으리라 본다. 또한 본 연구는 표본 수가 105개로 PLS를 사용한 탐색적 연구이다. 이것이 좀 더 정교한 실증 연구가 되기 위해서는 표본 수를 증가시킬 뿐만 아니라 공분산에 기반한 구조방정식 모형에 의한 분석이 좀 더 정확한 분석과 시사점을 도출할 수 있을 것으로 판단된다.

둘째로, 산업별로 분리하여 설문조사하여 분석할 경우 문화 다양성 수준을 평가할 수 있으리라 본다. 이와 더불어 대기업과 중소기업으로 나누어 할 경우도 기업의 다문화 수준 정도를 파악할 수 있으리라 본다.

셋째로, 국내 기업의 다문화 수준과 다른 국가의 다문화 수준을 비교분석하는 것도 의미가 있으리라 본다. 본 연구는 국내에만 치우쳐 우리나라에 비해 다문화 관리 수준이 높은 선진국이나 혹은 낮은 국가들과 차이 비교는 하지 못하였다. 따라서 향후에 이 연구는 국내 다문화 수준 향상을 위한 방안을 제시할 수 있으리라 본다.

마지막으로, 연구의 샘플이 외국인 근로자이므로 이들의 모국 문화가 연구결과에 영향을 끼칠 수 있을 것으로 예상되는바 이를 통제변수로 포함한 연구 모형에 대한 검토가 필요하리라 본다.

구견서(2003), “다문화주의의 이론적 체계”, 『현상과 인식』, 90호, pp. 29-53.

김은중(2005), “세계화, 정체성, 다문화주의”, 『라틴아메리카연구』, 18호, pp. 137-179.

김형인(2006), “미국의 다문화 정책과 교훈”, 『국회도서관보』, 325호, pp. 16-28.

백순근 · 신효정(2008), “위계선형모형을 활용한 대학생의 강의평가 분석-S 대학교 교양강의를 중심으로”, 『교육평가연구』, 제21권, 제2호, pp. 1-24.

성상현 · 최숙희 · 배성오(2005), 『인력다양성 확대와 기업의 대응-여성, 외국인, 장애인, 핵심인력을 중심으로』, 삼성경제 연구소.

신원무(2009), “인력의 다양성이 글로벌 경쟁력 되고 있다”, 『LG Business Insight』, pp. 39-46.

이귀우(1999), “비판적 다문화주의와 문학연구”, 『인문논총』, 6호, pp. 59-75.

이용승(2004), “다문화주의 발전과 양질의 노동인력 수입: 호주”, 『민족연구』, 12호, pp. 96-108.

이재학(2004), “미국 한인사회에 히스패닉이 미치는 영향의 사회경제학 및 사회언어학적 고찰”, 『스페인어 문학』, 32호, pp. 85-102.

조호현(2010), “국제비즈니스에서 비교문화 연구의 재검토”, 『이베로아메리카』, 제12권 1호, pp. 407-439.

Abe, H. and Wiseman, R. (1983), “Cross-cultural Confirmation of the Dimensions of Intercultural Effectiveness”, *International Journal of*

Intercultural Relations, 7, pp. 53-7.

Acosta, A. S. (2004), "A Diversity Perspective on Organizational Learning and a Learning Perspective on Organizational Diversity", *Academy of Management Proceedings*, 2004, D1-D6.

Adler, N. J. (2002), *International Dimensions of Organizational Behavior*. 4th. ed. London: Thomson.

Adler, N. J. and Bartholomew, S. (1992), "Academic and Professional communities of discourse: generating knowledge on transnational human resource management", *Journal of International Business Studies*, Vol. 23, No. 3, pp. 551-569.

Albers, S. (2009), "PLS and success factor studies in marketing". In V. Esposito Vinzi, W. W. Chin, J. Henseler & H. Wang (eds.), *Handbook of partial least squares: Concepts, methods, and applications*, Berlin: Springer.

Alesina, A., Devleeschauwer, A., Easterly, W., Kurlat, S. and Wacziafg, R. (2003), "Fractionalization", *Journal of Economic Growth*, Vol. 8, pp. 155-194.

Anderson, T., and Metcalf, H. (2003), "Diversity: stacking up the evidence: a review of knowledge", Executive Briefing, London: Chartered Institute of Personnel and Development.

Australian Government (2001), "The Business Case For Diversity Management: Programme for the Practice of Diversity Management".

Bagozzi, R. P. (1994), *Principles of marketing research*, Oxford: Blackwell, pp. 317-385.

Bandura, A. (1997), *Self-efficacy*. Englewood Cliffs, N.J.: Prentice Hall.

Bangura, Y. (2006), "Ethnic inequalities in the public sector: A comparative analysis", *Development and change*, Vol 37, No. 2, pp. 299-328.

Bantz, C. R. (1993), "Cultural Diversity and Group Cross-cultural Team Research", *Journal of Applied Communication Research*, February: pp. 1-20.

Barsade, S. G. (2002), "The Ripple Effect: Emotional Contagion and its Influence on Group Behavior". *Administrative Science Quarterly*, 47, pp. 644-675.

BASF AG (2001), "Competence Model". *Working Paper*.

Berger, C. B. and Calabrese, R. J. (1975), "Some Explorations in Initial Interaction and Beyond: Toward a Developmental Theory of Interpersonal Communication", *Human Communication Research*, 1, pp. 99-112.

Bhawuk, D. P. S. and R. W. Brislin (1992), "The measurement of intercultural sensitivity using the concepts of individualism and collectivism", *International Journal of Intercultural Relations*, Vol. 16, pp. 413-36.

Black, J. S. & Mendenhall, M. (1990), "Cross Cultural Effectiveness: A Review and a Theoretical Framework for Future Research", *Academy of Management Review*, 15(1), pp. 113-136.

Black, J. S. and Gregersen, H. B. (2000), "The Right Way to Manage Expats", In J. E. Garten (ed.), *World View: Global Strategies for the New Economy*, pp. 187-200. Boston: Harvard Business School Press.

Bollen, K. A. (1989), *Structural equations with latent variables*, New York, NY: Wiley.

Bolten, J. (2005), "Interkulturelle Personalentwicklungsmaßnahmen: Training, Coaching und Mediation", In G. K. Stahl, W. Mayr hofer & T. M. Kühlmann (eds.), *Internationales Personalmanagement-neue Aufgaben, neue Lösungen*, München, Mering: Rainer Hampp, pp. 307-324.

Brett, Behfar and Kern (2006), "Managing Multicultural Teams", *Harvard Business Review*.

Brock, Petra, and Juan Sanchez, "Outcomes of Perceived Discrimination Among Hispanic Employees: Is Diversity Management a Luxury or a Necessity?" *Academic Management Journal*, Vol. 39, No. 3, June 1996, pp. 704-19.

Bryk, A. S. and Raudenbush. S. W. (1992), *Hierarchical Linear Models*, Newbury Park, CA. Sage Publications Inc.

Carpenter, M. A., Sanders, W. G., & Gregersen, H. B. (2001), "Bundling human capital with organizational context: The impact of international assignment experience on multinational firm performance and CEO pay", *Academy of Management Journal*, Vol. 44, pp. 493-511.

Centre for Strategy & Evaluation Services. (2003), "Methoden und Indikatoren für die Messung der Wirtschaftlichkeit von Maßnahmen im Zusammenhang mit der personellen Vielfalt in Unternehmen-Abschließender Bericht". Katalog Nr.: KE-55-03-899-DE-N.

Chen, G. M. & Starosta, W. J. (1996), "Intercultural Communication Competence: A Synthesis". *Communication Yearbook*, 19, pp. 353-383.

Chen, G. M. (1989), "Relationship of the Dimensions of Intercultural Communication Competence", *Communication Quarterly*, 37, pp. 118-133.

Chin, W. W. (1998), "The partial least squares approach to structural equation modeling", *Modern Methods for Business Research*. Mahwah, NJ, Lawrence Erlbaum.

Chin, W. W. (1998), "The partial least squares approach to structural equation modeling", In G. A. Marcoulides (ed.), *Modern Methods for Business Research*, Mahwah, NJ: Lawrence Erlbaum Associates, pp. 295-358.

Chin, W. W., & Newsted, P. R. (1999), "Structural equation modeling analysis with small samples using partial least squares". In R. H. Hoyle (ed.), Statistical strategies for small sample research, Thousand Oaks, CA: Sage, pp. 307-342.

Churchill, G. A. (1979), "Aparadigm for developing better measures of marketing constructs", *Journal of Marketing Research*, 16(1), pp. 64-73.

City of Melbourne (2005), "A City of Opportunity: A multicultural strategy document for the City of Melbourne 2005-2009".

Cleaver, Joanne, "Retail Resuscitation: Diversity Training Ups Saks' Sales," *Marketing News TM*, Vol. 37, No. 18, September 1, 2003, p. 24.

Cohen, J. (1988), *Statistical power analysis for the behavioral sciences* (2nd ed.), Hillsdale, NJ: Lawrence Erlbaum Associates.

Cohen, Jordan, Barbara Gabriel, and Charles Terrell, "The Case for Diversity in the Health Care Workforce," *Health Affairs*, Vol. 21, No. 5, 2002, pp. 90-102.

Collier, M. J. (1988), "A Comparison of Conversations Among and

Between Domestic Culture Groups: How Intra- and Intercultural Competencies Vary", *Communication Quarterly*, 36(2), pp. 122-144.

Collier, P. Honohan, P., and Moene, K. O. (2001), "Implications of ethnic divisions", *Economic Policy*, Vol. 16, No. 32, pp. 127-166.

Collier, P., Hoeffler, A. and Pattillo, C. (2001), "Fright capital as a portfolio choice", *World Bank Economic Review*.

Conde-Frazier, E., Kang, S. and Parret, G. (2004), *A Many Colored Kingdom: Multicultural Dynamics for Spiritual Formation*, Grand Rapids: Baker Academic.

Cox, T. (2001), *Creating the Multicultural Organization-A Strategy to Capturing the Diversity*, San Francisco, USA. Jossey-Bass.

Cox, T. H. and Blake, S. (1991), "Managing Cultural diversity: Implicat-ions for Organizational Competitiveness", *Academy of Management Executive*, Vol. 5, pp. 45-56.

Cox, T. H. Jr. (1993), *Cultural Diversity in Organizations: Theory, Research, and Practice*, San Francisco.

Cox, T. H., Lobel, S. A. and McLeod, P. L. (1991), "Effects of Ethnic Group Cultural Differences on Cooperative versus Competitive Behavior on a Group Task", *Academy of Management Journal*, 34, pp. 827-847.

Crockett, J. (1999), "Diversity: winning competitive advantage through a diverse workforce", *HR Focus*, Vol. 76, No. 5, pp. 9-11.

Cronbach, L. J. (1951), "Coefficient alpha and the internal structure of tests", *Psychometrika*, 16(3), pp. 297-334.

Cross, T., B. Bazron, K. Dennis and M. Isaacs (1989), *Towards a Culturally Competent System of Care*, Volume I, Georgetown University Child Development Center, CASSP Technical Assistance Center: Washington, DC.

Cui, G. and Awa N. E. (1992), "Measuring Intercultural Effectiveness: An Integrative Approach", *International Journal of Intercultural Relations*, 16, pp. 311-328.

D'Netto, B. & Sohal, A. S. (1999), "Human Resource Practices and Workforce Diversity: An Empirical Assessment", *International Journal of Manpower*, 20(8), pp. 530-547.

Davis, Sharon, "Minority Executives Want an Even Break," *Workforce*, Vol. 79, No. 4, April 2000, p. 50.

Davison, A. C., & Hinkley, D. V. (2003), *Bootstrap methods and their application* (2nd ed.), New York, NY: Cambridge University Press.

Dean, O. and Popp, G. E. (1990), "Intercultural Communication Effectiveness as Perceived by American Managers in Saudi Arabia and French Managers in the U.S.", *International Journal of Intercultural Relations*, 14, pp. 405-424.

Diamantopoulos, A., & Winklhofer, H. (2001), "Index construction with formative indicators: An alternative to scale development", *Journal of Marketing Research*, 38(2), pp. 269-277.

Dibbern, J., Goles, T., Hirschheim, R. A., & Jayatilaka, B. (2004), "Information systems outsourcing: A survey and analysis of the literature", *The Data Base for Advances in Information Systems*, 35(4), pp. 6-102.

Dietz, J. & Petersen, L. E. (2006), "Diversity Management". In I. Björkmann & G. Stahl (eds.), *Handbook of Research in International Human Resource Management*, Camberley: Edward Elgar, pp. 223-243.

Eagly, A. H. & Chaiken, S. (1993), *The Psychology of Attitudes*. Fort Worth: Harcourt Brace Jovanovich.

Earley, P. C. and Mosakowski, E. (2000), "Creating Hybrid Team Cultures: An Empirical Test of Transnational Team Functioning", *Academy of Management Journal*, 43(1), pp. 26-49.

Easterly, B. and Levine, R. (1997), "Africa's growth tragedy: Policies and ethnic divisions", *Quarterly Journal of Economics*, Vol. 12, No. 4, pp. 1203-1250.

Eggert, A. (2007), "Getting your PLS research published: A personal and interpersonal perspective", In *Proceedings of the academy of marketing science 2007 world marketing congress*, July 11-14, Verona, Italy.

Elron, E. (1997), "Top Management Teams within Multinational Corporations: Effects of Cultural Heterogeneity", *Leadership Quarterly*, 8(4), pp. 393-413.

European Commission (2007), *Discrimination in the European Union*.

Evans, C. E. and Dion, K. L. (1991), "Group Cohesion and Performance", *Small Group Research*, 22, pp. 175-186.

Fearon, J. D. (2003), "Ethnic and cultural diversity by country", *Journal of Economic Growth*, Vol. 8, No. 2, pp. 195-222.

Festing, M., Müller, B., and Yussefi, S. (2006), "Diversity Management and Firm Performance-A Conceptual Analysis of Intercultural Competence as a moderating variable", Paper presented at the IFSAM conference, Berlin, Sept. 28-30.

Fornell, C. and D. Larcker (1981), "Evaluation structural equation models with unobservable variables and measurement error," *Journal of Marketing Research*, 18, pp. 39-50.

Fornell, C.and W. Robinson (1983), "Industrial Organization and Consumer Satisfaction/Dissatisfaction", *Journal of Consumer Research*, 9, pp. 403-412.

Gefen, D., Straub, D. W., & Boudreau, M. C. (2000), "Structural equation modelling and regression: Guidelines for research practice", *Communications of the Association for Information Systems*, 4(7), pp. 1-78.

Geisser, S. (1975), "A Predictive sample reuse method with applications", *Journal of the American Statistical Association*, 70, pp. 320-328.

Gertsen, M. C. (1990), "Intercultural competence and expatriates", *International Journal of Human Resources Management*, Vol. 11, No. 3, pp. 341-362.

Gieselmann, A. & Krell, G. (2004), "Diversity-Trainings: Verbesserung der Zusammenarbeit und Führung einer vielfältigen Belegschaft", In G. Krell (ed.), *Chancengleichheit durch Personalpolitik* (4th rev. ed. Wiesbaden: Gabler, pp. 393-412.

Goldstein, H (1995), *Multilevel Statistical Models*, 2nd ed., London, Edward Arnold.

Gotz, O., Liehr-Gobbers, K., & Krafft, M. (2009), "Evaluation of structural equation models using the partial least squares (PLS) approach", In V. Esposito Vinzi, W. W. Chin, J. Henseler & H. Wang (eds.), *Handbook of partial least squares: Concepts, methods, and applications*, Berlin: Springer.

Graf, A. (2004), "Screening and Training Intercultural Competencies:

Evaluating the Impact of National Culture on Intercultural Competencies", *International Journal of Human Resource Management*, 15(6), pp. 1124-1148.

Graf, A. and M. Mertesacker (2009), "Intercultural training: six measures assessing training needs", *Journal of European Industrial Training*, Vol. 33, No. 6, pp. 539-558.

Gudykunst, W. B., Wiseman, R. L. & Hammer, M. (1977), "Determinants of the Sojourner' Attitudinal Satisfaction: A Path Model", *Communication Yearbook*, 1, pp. 415-425.

Gudykunst, W. B. (1997), "Cultural Variability in Communication", *Communication Research*, 24(4), pp. 327-348.

Gudykunst, W. B. (1998), "Applying Anxiety/Uncertainty Management (AUM) Theory to Intercultural Adjustment Training", *International Journal of Intercultural Relations*, 22, pp. 227-250.

Guzzo, R. A. and Shea, G. P. (1992), "Group Performance and Intergroup Relations in Organization", In M. D. Dunnette and L. M. Hough (eds.), *Handbook of Industrial and Organizational Psychology*, Palo Alto, CA: Consulting Psychologists Press.

Hall, E. T. (1989), *The Dance of Life: The Other Dimension of Time*, New York: Doubleday.

Hartenian, L. S. & Gudmundson, D. E. (2000), "Cultural Diversity in Small Business:Implications for Firm Performance", *Journal of Developmental Entrepreneurship*, 5(3), pp. 209-219.

Hayles, R. (1982), "Cost and Benefits of Integrating Persons from diverse cultures into organization", Paper presented at the 20th international congress of apllied psychology, Edinburgh, Scotland (july), pp. 25-31.

Helm, S., Eggert, A., & Garnefeld, I. (2009), "Modelling the impact of corporate reputation on customer satisfaction and loyalty using PLS", In V. Esposito Vinzi, W. W. Chin, J. Henseler & H. Wang (eds.), *Handbook of partial least squares: Concepts, methods, and applications*, Berlin: Springer.

Henry, O. and Evans, A. J. (2007), "Critical review of literature on workforce diversity", *African Journal of Business Management*, pp. 72-76.

Henseler, J., & Fassott, G. (2009), "Testing moderating effects in PLS path models: An illustration of available procedures", In V. Esposito Vinzi, W. W. Chin, J. Henseler & H. Wang (eds.), *Handbook of partial leasts quares: Concepts, methods, and applications*, Berlin: Springer.

Herbrand; F. (2000), "Interkulturelle Kompetenz", *Wettbewerbsvorteil in einer globalisierenden Wirtschaft*, Bern: Haupt 2000.

Higgins, C. A., Duxbury, L. E., & Irving, R. H. (1992), "Work-family conflict in the dual-career family", *Organizational Behavior and Human Decision Processes*, 51(1), pp. 51-75.

Hoffman, D. A. (1997), "An overview of the logic and rationale of hierarchical linear models", *Journal of Management*, 23, 6, pp. 723-744.

Hofstede, G. (1980), *Culture Consequences: International Differences in Work-related Values*, Beverly Hills, CA: Sage.

Hofstede, G. (1984), *Culture's consequences: International differences in work-related values*, Newbury Park, CA: Sage.

Hofstede, G. (1991), *Cultures and Organizations: Software of the Mind*, London: McGraw-Hill.

Hofstede, G. (1997), *Cultures and organizations: software of the mind*, London: McGraw Hill.

Hofstede, G. (2001), *Cultures Consequences: International Differences in Work-Related Values*, Beverley Hills. CA: Sage.

Hofstede, G. (2007), "A European in Asia", *Asian Journal of Social Psychology*, 10, pp. 16-21.

Hofstede, G., & Bond, M. H. (1988), "The Confucius connection. From cultural roots to economic growth", *Organizational Dynamics*, 16, pp. 4-21.

House, R. J., Hanges, P. J., Ruiz-Quintanilla, S. A., Javidan, M., Dickson, M. W. (1999), "Cultural Influences on Leadership and Organizations: Project GLOBE", In W. H. Mobley, M. J. Gessner, & V. Arnold (eds.), *Advances in global leadership*, Greenwich, CT: JAI, pp. 171-233.

House, R. J., Hanges, P. J., Javidan, M., Dorfman, P. W., Gupta, V. (2004), *Culture, Leadership, and Organization-The GLOBE study of*

62 societies, SAGE Publications, Thousand Oaks, London, New Delhi.

Hubbard, Edward (2004), *The Diversity Scorecard: Evaluating the Impact of Diversity on Organizational Performance*, San Francisco: Elsevier.

Hulland, J. S. (1999), "Use of partial least squares (PLS) in strategic management research: A review of four recent studies", *Strategic Management Journal*, 20(4), pp. 195-204.

Jackson, S. E., May, K. E. and Whitney, K. (1995), "Understanding the Dynamics of Diversity in Decision-making Teams", In R. A. Guzzo and E. Salas (eds.), *Team Effectiveness and Decision Making in Organizations*, SanFrancisco: Jossey-Bass, pp. 7-61.

Jackson, S. E., Salas, E. and Associates (1992), *Diversity in the Workplace: Human Resources Initiatives*, New York: Guilford.

James, L. R. (1995), "Discussant comments, In N. Bennet (Symposium Chair), Introduction, explanation, and illustrations of hierarchical linear modeling as a management research tool", Academy of Management Annual Conference, Vancouver, British Columbia.

Javidan, M. and House, R. J. (2001), "Cultural Acumen for the Global Manager: Lessons from Project GLOBE", *Organizational Dynamics*, 29(4), pp. 289-305.

Jayne, M. E. A. & Dipboye, R. D. (2004), "Leveraging Diversity to Improve Business Performance: Research Findings and Recommendations for Organizations", *Human Resource Management*, 43(4), pp. 409-424.

Jefferson P. Marquis, Nelson Lim, Lynn M. Scott, Margaret C. Harrell, Jennifer Kavanagh (2008), *Managing Diversity in Corporate America An Exploratory Analysis*, RAND Corporation.

Jentsch, F., Hoeft, R. M., Fiore, S. M. & Bowers, C. A. (2004), "Frenchman, A German, And An Englishman The Impact of Cultural Heterogeneity on Teams", In M. Kaplan (eds.), *Cultural Ergonomics* (pp. 317-340), Amsterdam: Elsevier.

Johnson, J. P., T. Lenartowicz, and S. Apud (2006), "Cross-cultural competence in international business: toward a definition and a model", *Journal of International Business Studies*, Vol. 37, pp. 525-543.

Joreskog, K. G. (1982), "The LISREL approach to causal model-building in the social sciences", In: K. G. Joreskog & H. O. Wold (eds.), *Systems under indirect observation*, Part I, Amsterdam: North-Holland, pp. 81-100.

Kealey, D. J. (1990), *Cross-Cultural Effectiveness: A Study of Canadian Technical Advisors Overseas*, Hull, Quebec: Canadian International Development Agency.

Kealey, D. J. and Protheroe, D. R. (1996), "The Effectiveness of Cross-cultural Training for Expatriates: An Assessment of the Literature on the Issue", *International Journal of Intercultural Relations*, 20(2), pp. 141-165.

Kelly, E. & Dobbin, F. (1998), "How Affirmative Action Became Diversity Management", *American Behavioral Scientist*, 41(7), pp. 960-984.

Kim, Y. Y. (1986), "Cross-cultural Adaptation: A Critical Assessment of the Field", paper presented at the Annual Conference of the Speech Communication Association, Chicago, November.

Kirchmeyer, C. and Cohen, A. (1992), "Multicultural Groups: Their Performance and Reactions with Constructive Conflict", *Group and Organization Management*, 17(2), pp. 153-170.

Kirchmeyer, C. and McLellan, J. (1991), "Capitalizing on Ethnic Diversity: An Approach to Managing the Diverse Work Groups of the 1990s", *Canadian Journal of Administrative Sciences*, 8(2), pp. 72-79.

Klemp, G. O. Jr (1979), Identifying, "Measuring and Integrating Competence", In P. S. Pottinger and J. Goldsmith (eds.), *New Directions for Experimental Learning: Defining and Measuring Competence*, pp. 41-2. San Francisco: Jossey-Bass.

Klimowski, R. and Mohammed, S. (1994), "Team Mental Model: Construct or Metaphor?" *Journal of Management*, 20, pp. 403-437.

Kochan, T., Bezrukova, K., Ely, R., Jackson, S., Joshi, A., Jehn, K., Leonard, J., Levine, D., and Thomas, D. (2003), "The Effects of Diversity on Business Performance: Report of The Diversity Research Network", *Human Resource Management*, Vol. 42, No. 1, pp. 3-21.

Köhler-Braun, K. (1999), "Durch Diversity zu neuen Anforderungen an das Management", *Zeitschrift Führung und Organisation*, 4, pp. 188-193.

Kohls, L. R. (1979), *Survival Kit for Overseas Living*, Chicago: Intercultural Network/SYSTRAN Publications.

Krijnen, W. P., Dijkstra, T. K., & Gill, R. D. (1998), "Conditions for factor (in)determinacy in factor analysis", *Psychometrika*, 63(4), pp. 359-367.

Laurent, A. and Alder, N. J. (1981-1983), "Managerial skills for international business", Executive seminars held at INSEAD in Fontainebeau (France, August).

Lawrence, B. S. (1997), "Perspective: The Black Box of Organizational Demography", *Organizational Science*, 8, pp. 1-22.

Leiba-O'Sullivan, S. (1999), "The distinction between stable and dynamic cross-cultural competencies: implications for expatriate training", *Journal of International Business Studies*, Vol 30, No. 4, pp. 709-725.

Lockwood, N. R. (2005), "Workplace Diversity: Leveraging the Power of Difference for Competitive Advantage", *HR Magazine*, 50(6).

Loden, Marilyn and Judy B Rosener(1991), *Workforce America, Managing Employee Diversity as a Vital Resource*, Homewood: Business One Irwin.

Lohmoller, J. B. (1989), *Latent variable path modeling with partial least squares*, Heidelberg: Physica.

Luke, D. A. (2004), *Multilevel Modeling*, Thousand Oaks, CA, Sage.

March, J. G. & Sutton, R. I. (1997), "Organizational Performance as a Dependent Variable", *Organization Science*, 8(6), pp. 698-706.

Marquardt, M. J. and Horvath, L. (2001), *Global Teams: How Top Multinationals Span Boundaries and Cultures with High-speed Teamwork*, Palo Alto, CA: Davies-Black.

Martin, C. (2001), *Interkulturelle Kompetenzen und deren Vermittelbarkeit durch Repatriates*, München, Mering: Rainer Hampp.

Martin, J. N. and Hammer, M. R. (1989), "Behavioral Categories of Intercultural Communication Competence: Everyday Communicator", *Perceptions' International Journal of Intercultural Relations*, 13, pp.

303-332.

Matveev & Nelson (2004), "Cross Cultural Communication Competence and Multicultural Team Performance Perceptions of American and Russian Managers", *International Journal of Cross Cultural Management*, 4(2), pp. 253-270.

Matveev, A. V. (2002), "The Perception of Intercultural Communication Competence by American and Russian Managers with Experience on Multicultural Teams", dissertation, Ohio University, Ann Arbor, MI: UMI Dissertation Services.

Matveev, A. V., Rao, N. and Milter, R. G. (2001), "Developing a Scale to Measure Intercultural Communication Competence: A Pilot Study in Multicultural Organizations", paper submitted to the International and Intercultural Communication Division of the National Communication Association, Atlanta, November.

Mauro, P. (1995), "Corruption and growth", *Quarterly Journal of Economics*, Vol. 10, pp. 681-712.

Maznevski, M. L. (1994), "Understanding our Differences: Performance in Decision-making Groups with Diverse Members", *Human Relations*, 47, pp. 531-552.

McLeod, P. L. and Lobel, S. A. (1992), "The Effects of Ethnic Diversity on Idea Generation in Small Groups", paper presented at the Academy of Management Meeting, Las Vegas.

Mendenhall, M. E. (2001), "New Perspectives on Expatriate Adjustment and its Relationship to Global Leadership Development", In M. W. Mendenhall, M. K. Torsten and K. S. Günter (eds.), *Developing Global Business Leaders: Policies, Processes, and Innovations*, Westport, CT: Quorum Books, pp. 1-8.

Montalvo, J. G. and Reynal-Querol (2002), "Why ethnic fractionalization? Polarization, ethnic conflict and growth", *UPF Working paper* 660.

Montalvo, J. G. and Reynal-Querol (2005), "ethnic diversity and economic development", *Journal of development economics*, Vol 76, pp. 293-323.

Moosmüller, A. (1995), "Learning Objectives in Intercultural Competence: Decoding German Everyday Knowledge from a Japanese

Perspective", In A. Jensen, K. Jaeger and A. Lorentsen (eds.), *Intercultural Competence*, 2, pp. 191-207. Aalborg: Aalborg University Press.

Moosmüller, A. (1997), "Kommunikations probleme in amerikanisch japanischdeutschen Teams: Kulturelle Synergie durch interkulturelles Training?" *Zeitschrift für Personalforschung*, 11, pp. 282-298.

Moran, R. T., Harris, P. R. and Moran, S. V. (2007), *Managing cultural differences: Global leadership stategies for the 21st centry*, 7th ed., Elsevier Inc.

Morrison, Anne, *The New Leaders: Leadership Diversity in America*, San Francisco: Jossey-Bass, 1996.

Mowshowitz, A. (1997), "Virtual Organization", *Communication ACM*, 40(9), pp. 30-37.

Mozaffar, S. Scarritt, J. and Galaich, G. (2003), "Electoral institutions, ethnopolitical cleavages and party systems in Agrica's emerging democracies", *American Political Science Review*, 97(Aug), Vol. 76, pp. 293-323.

Müller, S. & Gelbrich, K. (2001), "Interkulturelle Kompetenz als neuartige Anforderung an Entsandte: Status quo und Perspektiven der Forschung", *Zeitschrift für betriebswirtschaftliche Forschung*, 53, pp. 246-272.

Ng, E. S. W. and Tung, R. L. (1998), "Ethnocultural Diversity and Organizational Effectiveness: A Field Study", *The International Journal of Human Resource Management*, 9(6), pp. 980-995.

Nunnally, J. C., & Bernstein, I. H. (1994), *Psychometric theory* (3rd ed.), New York, NY: McGraw-Hill.

Oetzel, J. G. (2000), "Developing a Theoretical Model of Intercultural Small Groups: Understanding the Effects of Culture and Cultural Diversity on Work Group Processes and Outcomes", In S. Stumpf & A. Thomas (eds.), *Diversity and Group Effectiveness* (pp. 252-271), Lengerich: Pabst.

Paauwe, J. & Farndale, E. (2005), "International Human Resource Management and Firm Performance", In I. Björkmann & G. Stahl (eds.), *Handbook of Research in International Human Resource Management* (pp. 91-112), Camberley: Edward Elgar.

Pavlou, P. A., & Chai, L. (2002), "What drives electronic commerce across cultures? Across-cultural empirical investigation of the theory of planned behaviour", *Journal of Electronic Commerce Research*, 3(4), pp. 240-253.

Pearson, J. C. and Nelson, P. E. (2003), *Human Communication*, New York: McGraw-Hill.

Pitts, D. W. (2005), "Modeling the Impact of Diversity Management", Georgia State University, *Working Paper* 06-18.

Pollack, B. N. (1998), "Hierarchical linear modeling and the "Unit of Analysis" problem: A solution for analyzing responses of intact group members", *Group Dynamics: Theory, Research, and Practice*, 2, pp. 299-312.

Posner, D. N. (2004), Measuring ethnic fractionalization in Africa, *American Journal of Political Science*, Vol. 48, No. 4, pp. 849-863.

Queensland Government (2005), *Cultural Diversity Statement and Multicultural Action Plan 2005-2009*.

Rai, A., Patnayakuni, R., & Seth, Nainika (2006), "Firm Performance Impacts of Digitally Enabled Supply Chain Integration Capabilities", *MIS Quarterly*, Vol. 30, No. 2, pp. 225-246.

Raudenbush, S. W. and Bryk, A. S. (2002), *Hierarchical Linear Models*, Newbury Park, CA. Sage Publications Inc.

Redmond, M. V. and Bunyi, J. M. (1991), "The Relationship of Intercultural Communication Competence with Stress and the Handling of Stress as Reported by International Students", *International Journal of Intercultural Relations*, 17, pp. 235-254.

Reinartz, W., Krafft, M., & Hoyer, W. D. (2004), "The customer relationship management process: Its measurement and impact on performance", *Journal of Marketing Research*, 41(3), pp. 293-305.

Reynal-Querol, M. (1998), *Religious conflict and growth*, London, LSE.

Richard, O. (2000), "Racial diversity, business strategy, and firm performance", *Academy of Management Journal*, 43, pp. 164-177.

Richard, O. C., Barnett, T., Dwyer, S., and Chadwick, K. (2004), "Cultural Diversity in Management, Firm Performance, And The Moderating Role Of Entrepreneurial Orientation Dimensions", *Academy of Management Journal*, Vol. 47, No. 2, pp. 255-266.

Ricks, D. A. (1983), *Big business blunder: Mistake in multinational marketing*, Homewood, Ill, Dow Jones-Irwin.

Roberson, Q. M., and Park, H. (2006), "Examining the Link between Diversity and Firm Performance: The Effects of Diversity Reputation and Leader Racial Diversity", *Working Paper* 06-02.

Robinson, G. & Dechant, K. (1997), "Building a Business Case for Diversity", *Academy of Management Executive*, 11(3), pp. 21-31.

Rossiter, J. R. (2002), "The C-OAR-SE procedure for scale development in marketing", *International Journal of Research in Marketing*, 19(4), pp. 305-335.

Rutter, C. M. and Elashoff, R. M. (1994), "Analysis of longitudinal data", *Biometrics*, 38, pp. 963-974.

Sackmann, S., Bissels, S. & Bissels, T. (2002), "Kulturelle Vielfalt in Organisationen: Ansätze zum Umgang mit einem vernachlässigten Thema der Organisationswissenschaften", *Die Betriebswirtschaft*, 62, pp. 43-58.

Samovar, L. A. and Porter, R. E. (eds.) (1991), *Intercultural Communication: A Reader*, 6th ed., Belmont, CA: Wadsworth.

Schneider, S. C. and DeMeyer, A. (1991), "Interpreting and Responding to Strategic Issues: The Impact of National Culture", *Strategic Management Journal*, 12, pp. 307-320.

Shaw, M. E. (1981), *Group Dynamics: The Psychology of Small Group Behavior*, New York: McGraw-Hill.

Shenkar, O. and Zeira, Y. (1992), "Role Conflict and Role Ambiguity of CEOs in International Joint Ventures", *Journal of International Business Studies*, 23(1), pp. 55-75.

Singer, J. D. (1998), "Using SAS PROC MIXED to fit multilevel models, hierarchical models and individual growth models", *Journal of Educational Behavioral Statistics*, 23(4), pp. 323-355.

Smith, K. A., Smith, K. G., Olian, J. D., Sims, H. P., O'annon, D. P. and Scully, J. (1994), "Top Management Teams Demography and Process: The Role of Social Integration and Communication", *Administrative Science Quarterly*, 39, pp. 412-438.

Snow, C. C., Snell, S. A., Davison, S. C. and Hambrick, D. C. (1996), "Use Transnational Teams to Globalize your Company", *Organi-*

zational Dynamics, 32(4), pp. 20-32.

Sobel, M. E. (1982), "Asymptotic intervals for indirect effects in structural equations models", In S. Leinhart (ed.), *Sociological methodology*, San Francisco: Jossey-Bass, pp. 290-312.

Spiess, E. (1996), *Kooperatives Handlen in Organisationen*, Munich: Peter Hampp.

Spiess, E. (1998), "Daz konzept der empathie", In E. Spiess (ed.), *Formen der cooperation: Bedingungen und perspektiven*, pp. 53-62. Göttingen: Hogrefe.

Spitzberg, B. H. (1983), "Communication Competence as Knowledge, Skill and Impression", *Communication Education*, 32, pp. 323-329.

Spitzberg, B. H. (1991), "Intercultural Communication Competence", In L. A. Samovar and R. E. Porter (eds.), *Intercultural Communication: A Reader*, 6th edn, Belmont, CA: Wadsworth, pp. 353-365.

Stahlberg, D. & Frey, D. (1996), "Grundsätze des Einstellungserwerbs und Strategien der Einstellungsänderung", In W. Stroebe, M. Hewstone & G. M. Stephenson (eds.), *Sozialpsychologie* (3rd rev. ed., pp. 219-252), Berlin: Springer.

Stone, M. (1974), "Cross-validatory choice and assessment of statistical predictions", *Journal of the Royal Statistical Society*, 36, pp. 111- 147.

Stumpf, S. (2005), "Synergie in multikulturellen Arbeitsgruppen", In G. K. Stahl, W. Mayrhofer & T. M. Kühlmann (eds.), *Internationales Personalmanagementineue Aufgaben, neue Lösungen*, München, Mering: Rainer Hampp, pp. 115-144.

Swierczek, F. W., and Rodsutti, M. C., *The Impact Of Multicultural Management On The Job Satisfaction of Expatriate Managers*.

Tenenhaus, M., Esposito Vinzi, V., Chatelin, Y. M., & Lauro, C. (2005), "PLS path modeling", *Computational Statistics & Data Analysis*, 48(1), pp. 159-205.

Thomas, A., Hagemann, K. & Stumpf, S. (2003), "Training interkultureller Kompetenz", In N. Bergemann & A. L. J. Sourisseaux (eds.), *Interkulturelles Management* (3rd rev. ed.), Berlin: Springer. pp. 237-272.

Thomas, D. A. (2004), "Diversity as Strategy", *Harvard Business Review*, Sept., pp. 98-108.

Thomas, D. A. and Ely, R. J. (1996), "Making Difference Matter: A New Paradigm for Managing Diversity", *Harvard Business Review*, Sept.-Oct, pp. 79-90.

Thomas, Roosevelt Jr. (1990), "From Affirmative Action to affirming diversity", *Harvard Business Review*, 68, pp. 107-117.

Thomas, Roosevelt Jr. (1991): *Beyond race and gender: unleashing the power of your total work force by managing diversity*, New York.

Townsend, A. M., DeMarie, S. and Hendrickson, A. R. (1998), "Virtual Teams: Technology and the Workplace of the Future", *The Academy of Management Executive*, 12(3), pp. 17-29.

Triandis, H. C. (1975), "Culture training, cognitive complexity and interpersonal attitudes", In R. W. Brislin, S. Bochner, and W. J. Lonner (eds.), *Cross-cultural Perspectives on Learning*, Halsted Press, New York, NY, pp. 39-77.

Triandis, H. C. and Singelis, T. M. (1998), "Training to Recognize Individual Differences in Collectivism and Individualism within Culture", *International Journal of Intercultural Relations*, 22(1), pp. 35-47.

Tung, R. L. (1995), "Guest Editor's Introduction: Strategic Human Resource Challenge: Managing Diversity", *The International Journal of Human Resource Management*, 6(3), pp. 482-493.

Tung, R. L. (1993), "Managing Cross-national and Intra-national Diversity", *Human Resource Management*, 32(4), pp. 461-477.

Watson, W. E., Kumar, K. and Michaelson, L. K. (1993), "Cultural Diversity' Impact on Interaction Process and Performance: Comparing Homogeneous and Diverse Task Groups", *Academy of Management Journal*, 36, pp. 590-602.

Weinert, A. B. (2004), *Organisationspsychologie und Personalpsychologie*, (5th rev. ed.), Weinheim: Beltz Psychologie Verlags Union.

Werts, C. E., Linn, R. L., & Joreskog, K. G. (1974), "Intraclass reliability estimates: Testing structural assumptions", *Educational and Psychological Measurement*, 34(1), pp. 25-33.

Wetzels, Odekerken-Schroder, G., and Van Oppen, C. (2009), "Using Pls Path Modeling For Assessing Hierarchical Construct Models: Guidelines And Empirical Illustration", *MIS Quarterly* Vol. 33,

No. 1, pp. 177-195.

Wheelan, S. A., Buzalo, G. and Tsumura, E. (1998), "Development Assessment Tools for Cross-cultural Research", *Small Group Research*, 29(3), pp. 359-370.

Williams, K. Y. & O'Reilly, C. A. (1998), "Demography and Diversity in Organizations: A Review of 40 Years of Research", *Research of Organizational Behavior*, 20, pp. 77-140.

Wiseman, R. L., Hammer, M. R. and Nishida, H. (1989), "Predictors of Intercultural Communication Competence", *International Journal of Intercultural Relations*, 13, pp. 349-370.

Wold, H. O. (1974), "Causal flows with latent variables: Partings of the ways in the light of NIPALS modeling", *European Economic Review*, 5(1), pp. 67-86.

Wold, H. O. (1982), "Soft modeling: The basic design and some extensions", In K. G. Joreskog & H. O. Wold (eds.), *Systems under indirect observations*, Part II, Amsterdam: North-Holland, pp. 1-54.

Wold, H. O. (1985), "Partial least squares", In S. Kotz & N. L. Johnson (eds.), *Encyclopedia of statistical sciences* Vol. 6, New York, NY: Wiley, pp. 581-591.

Wolfinger, R. D. (1996), "Heterogeneous variance covariance structure for repeated measures", *Journal of Agricultural, Biological, and Environmental Statistics*.

Wright, P. M. & Haggerty, J. J. (2005), "Missing Variables in Theories of Strategic Human Resource Management: Time, Cause, and Individuals", *Working Paper Series*, Center of Advanced Human Resource Studies (CAHRS), Cornell University, NY (USA).

Wright, P. M., Ferris, S. P., Hiller, J. S. & Kroll, M. (1995), "Competitiveness Through Management of Diversity: Effects on Stock Price Valuation", *Academy of Management Journal*, 38(1), pp. 272-287.

Zülch, M. (2004), ""cWorld"oder "ulitkulti" Interkulturelle Kompetenz im Zeitalter der Globalisierung", In G. Vedder (eds.), *Diversity Management und Interkulturalität*, München, Mering: Rainer Hampp, pp. 1-86.

부록

설 문 조 사

안녕하십니까?

한국에서 일하는 근로자들이 점점 많아짐에 따라, 다른 문화권의 사람들과의 의사소통 및 업무 관련 협력에 대한 관심이 점점 높아지고 있습니다. 이러한 환경 가운데 저희는 다문화 조직 역량을 향상시키기 위한 설문을 하고 있습니다. 우리는 귀하가 일하고 계신 조직에 대한 의견은 물론 귀하의 제안에 귀하를 초대하게 되어 큰 영광으로 생각합니다. 이 프로젝트를 통해 우리는 귀하의 조직의 다문화 관리 및 서비스 능력 향상은 물론 귀하의 업무에 좀 더 도움이 되기를 기대해 봅니다.

본 설문에서 귀하에 대한 모든 정보는 비밀로 할 것이며, 귀하의 의견과 제안은 본 프로젝트 구성원 이외에는 어느 누구에게도 누설하지 않을 것임을 약속 드립니다.

본 설문을 하는 동안 어떤 의문 사항이 있으면 다음 메일로 연락을 주시면 감사하겠습니다.

- 임병학 · 전희주: (051)640-3031 or email to: bhleem@gmail.com

귀하의 참여와 지속적인 지원에 다시 한번 감사를 드립니다.

1. 일반적인 설문

다음 질문은 귀하의 일반적인 배경과 귀하가 일하고 계시는 조직에 대한 내용입니다. 이 질문은 서로 다른 문화권(민족, 나라)의 사람들이 서로 다른 방법으로 설문에 응하기 때문에 매우 중요한 내용들입니다.

개인적 배경에 대한 내용

1. 귀하의 연령대는 무엇입니까?

   (1) 20대 (2) 30대 (4) 40대 (5) 50대 (6) 60대 (7) 70대 이상

2. 귀하의 성별은 무엇입니까? (하나만 체크하세요)

   남성________ 여성 ________

3. 귀하의 국가(여권의 국적)는 어디입니까?

   ____

4. 귀하가 태어난 국가는 어디입니까?

   ____

5. 귀하가 현재 살고 있는 (일하고 있는) 국가에서 얼마나 오랫동안 살았습니까? ________________ 년

6. 귀하가 출생한 국가 이외에, 얼마나 많은 국가에서 1년 이상 동안 살았습니까?

   ____

7. 귀하의 인종 배경은 무엇입니까?

   ____

8. 귀하는 종교를 가지고 계십니까? 예 / 아니오

9. 귀하가 질문 8에서 예라고 답했으면, 종교의 이름을 써 주십시오.

   ____

귀하의 직업 배경에 관한 질문

10. 귀하는 얼마나 오랫동안 전임(full time)으로 일을 하셨습니까?

    ________________ 년

11. 귀하의 직책(직급)은 무엇입니까?

    직책: ____________ 직급: ____________

12. 귀하는 현재 계신 직장에서 얼마나 오랫동안 일을 하셨습니까?

    ________________ 년 __________ 월

13. 귀하는 다문화 조직(다양한 인종과 국적을 가진 사람이 일하는 조직)에서 일해 본 적이 있습니까? 예 / 아니오

14. 귀하는 전문적인 연합 모임이나 네트워크 조직에 속해 있습니까?

    예 / 아니오

15. 귀하는 산업이나 무역 관련 활동을 하고 계십니까? 예 / 아니오

귀하의 교육 배경에 관한 내용

16. 귀하는 공식적인 교육을 얼마나 오랫동안 받으셨습니까?

    ________________ 년

17. 귀하의 주 전공이 있다면 무엇입니까?

    ____

18. 귀하가 속한 조직에서 다문화 관련 공식적인 교육을 받으신 적이 있습니까? 예 / 아니오

2. 조직의 문화 지향성

이 질문은 귀하가 속해 있는 조직의 규범, 가치, 관행들에 대한 내용입니다. 본 질문은 어떠한 정답을 갖고 있지 않고, 조직의 옳고 그름에 대한 것도 아닙니다. 귀하가 속해 있는 조직에서 그동안 경험한 내용과 가장 가까운 것에 표시해 주십시오.

1	2	3	4	5	6	7
강한 부정	부정	약한 부정	중간	약한 긍정	긍정	강한 긍정

	질문내용	1	2	3	4	5	6	7
1	귀하가 속한 조직은 혁신이나 실험정신보다는 조직의 질서 정연과 일관성을 강조하고 있다.							
2	귀하가 속한 조직의 대부분의 업무는 매우 조직화되어 있어 기대하지 않은 일은 거의 일어나지 않는다.							
3	귀하가 속한 조직의 직무 요구서나 기술서가 상세하게 되어 있어 모든 구성원들이 무엇을 해야 할 것인지를 알고 있다.							
4	귀하가 속한 조직에서 성공적으로 일을 하는 방법은 미리 계획하는 것이다.							
5	귀하가 속한 조직에서 받아들여지고 있는 규범은 미래를 위해 계획하는 것이다.							
6	귀하가 속한 조직에서, 회의(미팅) 시간은 보통 2주 이상 전에 계획된다.							
7	귀하가 속한 조직에서, 구성원의 영향력은 주로 조직에의 기여도나 능력을 기반으로 하고 있다.							
8	귀하가 속한 조직에서, 구성원들은 이의 없이 자신들의 상사를 따른다.							
9	귀하가 속한 조직에서, 힘이 있는 위치에 있는 구성원들은 힘이 없는 위치에 있는 구성원들과 사회적 거리를 증가시키는 경향이 있다.							
10	귀하가 속한 조직에서, 구성원들은 일반적으로 다른 구성원에 대해 많은 관심을 가지고 있다.							
11	귀하가 속한 조직에서, 구성원들은 일반적으로 다른 구성원들에 대해 민감하다.							
12	귀하가 속한 조직에서, 구성원들은 일반적으로 매우 친절하다.							
13	귀하가 속한 조직에서, 구성원들은 일반적으로 매우 관대하다.							
14	귀하가 속한 조직에서, 구성원들은 지속적으로 성과 향상을 위해 노력하고 있다.							
15	귀하가 속한 조직에서, 주된 보상은 성과에만 기반을 두고 있다.							

	질문내용	1	2	3	4	5	6	7
16	귀하가 속한 조직에서, 일반적으로 성과 향상을 위해 혁신적인 것을 한 것에 대해 실제적 보상을 하고 있다.							
17	귀하가 속한 조직에서, 대부분의 구성원들은 자신들을 위해 도전적인 업무 목적을 설정하고 있다.							
18	귀하가 속한 조직에서, 여성들보다는 남성들에게 전문적인 개발 활동에 참여하도록 독려하고 있다.							
19	귀하가 속한 조직에서, 육체적으로 요구되는 일은 보통 남성들에 의해 수행된다.							
20	귀하가 속한 조직에서, 구성원들은 일반적으로 공격적이다.							
21	귀하가 속한 조직에서, 구성원들은 일반적으로 적극적이다.							
22	귀하가 속한 조직에서, 구성원들은 일반적으로 지배적인 위치에 있다.							
23	귀하가 속한 조직에서, 구성원들은 일반적으로 냉정하다.							
24	귀하가 속한 조직에서, 구성원들은 조직의 장(Boss)의 개인적인 업적 성취에 자부심을 갖고 있다.							
25	귀하가 속한 조직에서, 조직의 장(Boss)은 구성원들의 업적 성취에 자부심을 갖고 있다.							
26	귀하가 속한 조직에서, 구성원들은 조직에 충성심을 느끼고 있다.							
27	귀하가 속한 조직의 구성원들은 조직을 위한 일에 자부심을 가지고 있지 않다.							
28	귀하가 속한 조직은 구성원들에 대한 충성을 보여주고 있다.							

3. 다문화 역량(Cross-cultural Competence)

이 질문은 귀하가 속해 있는 조직에서 대인관계, 조직 효과, 문화적 불확실성, 문화적 공감에 대한 내용입니다. 본 질문은 어떠한 정답을 갖고 있지 않고, 조직의 옳고 그름에 대한 것도 아닙니다. 귀하가 속해 있는 조직에서 그동안 경험한 내용과 가장 가까운 것에 표시해 주십시오.

1	2	3	4	5	6	7
강한 부정	부정	약한 부정	중간	약한 긍정	긍정	강한 긍정

	질문내용	1	2	3	4	5	6	7
1	나는 서로 다른 국가에서 온 사람들과 일을 같이 할 때 의사소통과 상호작용 측면에서 차이점을 인식하고 있다.							
2	나는 서로 다른 국가에서 온 사람들과 일을 같이 할 때 잘못 이해한 것에 대해 잘 대처한다.							
3	나는 서로 다른 국가에서 온 사람들과 일을 같이 할 때 의사소통에 아무런 문제가 없다.							
4	나는 자신의 문화적 환경(배경)을 잘 알고 있다.							
5	나는 조직 구성원들의 국가, 문화, 언어에 대해 기본적인 지식을 인지하고 있다.							
6	나는 조직목표, 역할, 그리고 규범을 정의하고 잘 이해하고 있다.							
7	나는 서로 다른 국가에서 온 사람들과 일을 같이 할 때 건설적인 피드백을 주고받는다.							
8	나는 서로 다른 국가에서 온 사람들과 일을 같이 할 때 문제를 토론하고 해결을 잘하는 편이다.							
9	나는 서로 다른 국가에서 온 사람들과 일을 같이 할 때 갈등 상황에서 잘 대처한다.							
10	나는 다른 조직 구성원들에 대한 존경을 표시한다.							
11	나는 참여적 지도자 유형에 속한다.							
12	나는 다른 사람들과 협력적으로 일을 한다.							
13	나는 문화적 불확실성에 잘 대처한다.							
14	나는 인내심을 보이고 있다.							
15	나는 문화적 차이로 인한 애매함과 불확실성에 대해 관용을 가지고 있다.							
16	나는 문화적 차이에 개방적이다.							
17	나는 변화와 위험을 기꺼이 받아들이고 있다.							
18	나는 융통성을 보여준다.							
19	나는 다른 문화적 관점의 세계를 보고 이해한다.							
20	나는 다른 문화, 가치, 믿음, 그리고 의사소통 형태에 대한 탐구정신을 가지고 있다.							

	질문내용	1	2	3	4	5	6	7
21	나는 서로 다른 일의 수행방법을 인정한다.							
22	나는 서로 다른 일의 수행방법을 수용한다.							
23	나는 다른 문화권에서 하는 일의 방법에 대해 판단적 입장을 취하지 않는다.							

4. 다문화 조직의 성과

이 질문은 귀하가 속해 있는 조직의 성과에 대한 내용입니다. 본 질문은 어떠한 정답을 갖고 있지 않고, 조직의 옳고 그름에 대한 것도 아닙니다. 귀하가 속해 있는 조직(학과)에서 그동안 경험한 내용과 가장 가까운 것에 표시해 주십시오.

1	2	3	4	5	6	7
강한 부정	부정	약한 부정	중간	약한 긍정	긍정	강한 긍정

	질문내용	1	2	3	4	5	6	7
1	귀하가 속해 있는 조직의 구성원들은 자신들의 목표, 역할, 규범에 대해 명확하게 알고 있다.							
2	귀하가 속해 있는 조직의 구성원들은 성숙한 업무 추진 조직으로서 서로 충분한 지식을 가지고 조직의 목표를 달성한다.							
3	귀하가 속해 있는 조직의 구성원들은 목표 달성을 위해 필요한 기술적·인적 자원을 잘 활용한다.							
4	귀하가 속해 있는 조직의 구성원들은 피드백을 잘 활용하여 업무 개선을 한다.							
5	귀하가 속해 있는 조직의 구성원들은 조직이 직면하고 있는 문제와 의사결정에 대해 토론하는데 충분한 시간을 갖는다.							

Dear Sir/Madam,

As more expatriates working in USA, the multi-cultural become more and more concerned about their current situation and further requirements, as well as the communication and work-related cooperation in organizations. Therefore, we are now conducting the cross-cultural competence survey. We are honored to invite you to participate in this survey and share with us all the opinions and suggestions on your working life. Via report, we hope it helps your employer or employee to improve the organization's management and services and helps you be better adapted to your working life.

We are grateful for your participation to fill out a questionnaire which will take you about 5 or 10 minutes. We promise that all your information will be strictly confidential. Your opinions and suggestion will not be revealed to anyone else outside our project team in any form.

If you have any questions about filling this questionnaire, please contact me: Byung Hak Leem via email to: bhleem@gmail.com

We are looking forward to your participation. As always, thank you for your continued support.

Section 1. General Questions

Following are several questions about you, your background, and the place where you work. These questions are important because they help us to see if different types of people respond to the questions on this questionnaire in different ways.

Questions about your personal background

1. How old are you?

   (1) 20s (2) 30s (4) 40s (5) 50s (6) 60s (7) over 70s

2. What is your gender? (check one)

   Male ________ Female ________

3. What is your country of citizenship / passport?

   ____

4. What country were you born in?

   ____

5. How long have you lived in the country where you currently live?

   ____________ years

6. Besides your country of birth, how many other countries have you lived in for longer than one year?

   ______________________________________ countries

7. What is your ethnic background?

   ____

8. Do you have a religious affiliation? YES/NO

9. If you answered yes to question 8, please indicate the name of the religion. __________

Questions about your work background

10. How many years of full-time work experience have you had?

    ____________ years

11. What is your current position? ______________________

12. How long have you worked for your current employer?

    ____________ years and ____________ months.

13. Have you ever worked for a multicultural organization? YES / NO

14. Do you belong to any professional associations or networks? (circle one) ___ YES / NO

15. Do you participate in any industrial or trade association activities? (circle one) YES / NO

Questions about your educational background

16. How many years of formal education do you have?

    ____________ years of formal education

17. If you have an educational major or area of specialization, what is it?

    ____

18. Have you received any formal training in American management practices? YES / NO

Section 2. Organizational Culture Orientation

In this section, we are interested in your beliefs about the norms, values, and practices in your organization. There are no right or wrong answers, and answers don't indicate goodness or badness of the organization. Please respond to the questions by checking the number that most closely represents your observations about your organization.

1	2	3	4	5	6	7
Strongly disagree	Disagree	Moderately disagree	Moderate	Moderately agree	Agree	Strongly agree

	Questions	1	2	3	4	5	6	7
1	In this organization, orderliness and consistency are stressed, even at the expense of experimentation and innovation.							
2	In this organization, most work is highly structured, leading to few unexpected events.							
3	In this organization, job requirements and instructions are spelled out in detail so employees know what they are expected to do.							
4	The way to be successful in this organization plan ahead.							
5	In this organization, the accepted norm is to plan for the future.							
6	In this organization, meetings are usually planned well 2 or more weeks in advance.							
7	In this organization, a person's influence is based primarily on one's ability and contribution to the organization.							
8	In this organization, subordinates are expected to obey their boss without question							
9	In this organization, people in positions of power try to increase their social distance from less powerful individuals.							
10	In this organization, people are generally very concerned about others.							
11	In this organization, people are generally sensitive toward others.							
12	In this organization, people are generally very friendly.							
13	In this organization, people are generally very generous.							
14	In this organization, employees are encouraged to strive for continuously improved performance.							

	Questions	1	2	3	4	5	6	7
15	In this organization, major rewards are based on only performance effectiveness.							
16	In this organization, being innovative to improve performance is generally substantially rewarded.							
17	In this organization, most employees set challenging work goals for themselves.							
18	In this organization, men are encouraged to participate in professional development activities more than women.							
19	In this organization, physically demanding tasks are usually performed by men.							
20	In this organization, people are generally aggressive.							
21	In this organization, people are generally assertive.							
22	In this organization, people are generally dominant.							
23	In this organization, people are generally tough.							
24	In this organization, group members take pride in the individual accomplishments of their group manager.							
25	In this organization, group managers take pride in the individual accomplishments of group members.							
26	In this organization, employees feel loyalty to the organization.							
27	Members of this organization take no pride in working for the organization.							
28	This organization shows loyalty towards employees.							

Section 3. Cross-cultural Competence

In this section, we are interested in your interpersonal skill, team effectiveness, cultural uncertainty, and cultural empathy in your organization. There are no right or wrong answers, and answers don't indicate goodness or badness of the organization. Please respond to the questions by checking the number that most closely represents your observations about your organization.

1	2	3	4	5	6	7
Strongly disagree	Disagree	Moderately disagree	Moderate	Moderately agree	Agree	Strongly agree

	Questions	1	2	3	4	5	6	7
1	I acknowledge differences in communication and interaction styles when working with people from different countries.							
2	I deal with misunderstandings when working with people from different countries.							
3	I feel comfortable when communicating with foreign countries.							
4	I aware my own cultural conditioning.							
5	I acknowledge basic knowledge about the country, the culture, and the language of team members.							
6	I understand and define team goals, roles and norms.							
7	I give and receive constructive feedback.							
8	I discuss and solve problems.							
9	I deal with conflict situations.							
10	I display respect for other team members.							
11	I am participatory leadership style.							
12	I work cooperatively with others.							
13	I deal with cultural uncertainty.							
14	I display patience.							
15	I have tolerance of ambiguity and uncertainty due to cultural differences.							
16	I am open to cultural differences.							
17	I am willingness to accept change and risk.							
18	I exercise flexibility.							
19	I see and understand the world from others' cultural perspectives.							
20	I exhibit a spirit of inquiry about other cultures, values, beliefs and communication patterns.							
21	I appreciate dissimilar working styles.							
22	I accept different ways of doing things.							

	Questions	1	2	3	4	5	6	7
23	I take non-judgmental stance toward the ways things are done in other cultures.							

Section 4. Multicultural Team (Department) performance

In this section, we are interested in your team's performance in your organization. There are no right or wrong answers, and answers don't indicate goodness or badness of the organization. Please respond to the questions by checking the number that most closely represents your observations about your organization.

1	2	3	4	5	6	7
Strongly disagree	Disagree	Moderately disagree	Moderate	Moderately agree	Agree	Strongly agree

	Questions	1	2	3	4	5	6	7
1	Members of your team are clear about their goals, roles, and norms.							
2	Your team has sufficient time together to develop as a mature working unit and accomplish its goal.							
3	Your team has access to technical and people resources necessary to accomplish its goal.							
4	Your team utilizes feedback to make improvements.							
5	Your team spends enough time discussing problems and decisions it faces.							

This concludes the questionnaire. We truly appreciate your willingness to complete this questionnaire, and to assist in this research project.

| 찾아보기 |

저자 소개

임병학(林秉學) 고려대학교 학사
KAIST 경영정보학 석사
University of Texas at Arlington, 공학박사
현재 부산외국어대학교 경영학부 교수
E-mail: bhleem@bufs.ac.kr

전희주(全熙主) 고려대학교 학사, 석사
North Carolina State University, 통계학박사
현재 동덕여자대학교 정보통계학과 교수
E-mail: chun9665@dongduk.ac.kr

아산재단 연구총서 제351집

문화교류역량과 다문화 경영이 기업 경영성과에 미치는 영향 10,500원

2013년 7월 30일 1판 1쇄

저 자 임병학 · 전희주
발 행 인 임 동 규
발 행 처 **집 문 당**
주 소 110-360 서울특별시 종로구 돈화문로 82
등 록 1971. 3. 23. 제300-2012-000069호
영 업 부 (02)743-3192~3 팩스(02)742-4657
전자우편 sale@jipmoon.co.kr
편 집 부 (02)743-3096~7 팩스(02)743-0227
전자우편 edit@jipmoon.co.kr
홈페이지 www.jipmoon.co.kr

ISBN 978-89-303-1601-9
978-89-303-1500-5(세트)

이 도서의 국립중앙도서관 출판시도서목록(CIP)은 e-CIP홈페이지(http://www.nl.go.kr/ecip)와 국가자료공동목록시스템(http://www.nl.go.kr/kolisnet)에서 이용하실 수 있습니다. (CIP제어번호: CIP2013010706)

아 | 산 | 재 | 단 | 연 | 구 | 총 | 서

1 전환기의 중국경제
김윤환 외 | 단국대 경제학과

2 폴란드 경제의 변천 개혁과 그 전망
김광수 | 숭실대 경제학과

3 재소한인
이광규 외 | 서울대 인류학과

4 소련산림과 임업
홍성천 외 | 경북대 임학과

5 아세안의 정치경제
김국진 외 | 외교안보연구원

6 태국의 사회변동과 경제발전
최석만 외 | 전남대 사회학과

7 중국의 사회경제 통계분석
신한풍 외 | 고려대 통계학과

8 중국의 정치와 경제
박두복 외 | 외교안보연구원

9 동유럽의 개혁과 시장경제의 도입
허만 외 | 부산대 사범대학

10 동유럽의 개혁운동
박영신 | 연세대 사회학과

11 현대 러시아 연구
기연수 외 | 한국외대 노어과

12 전략적 선택과 기업의 국제경쟁력
이장호 | 서강대 경영대학

13 협동사회의 정착과 정부의 역할
이종범 외 | 고려대 행정학과

14 한국 제조기업 생산성의 동적 분석
노부호 외 | 중앙대 경영대학

15 분배의 정의
변형윤 외 | 서울대 경제학과

16 도덕적 행동의 강화
이훈구 외 | 연세대 심리학과

17 관료부패와 통제
김해동 외 | 서울대 행정대학원

18 한국경제의 내실 있는 성장
정창영 외 | 연세대 경제학과

19 한국국민정신운동의 역사와 발전방향
박수명 외 | 부산대 사범대학

20 한국대학생의 가치성향과 상담효과
이영희 외 | 숙명여대 교육학과

21 가출청소년과 학교관리체제
안창규 외 | 부산대 교육학과

22 동북아 정세변화와 한 · 일관계
한승조 외 | 고려대 정치외교학과

23 언론과 부정부패
정대철 외 | 한양대 신문방송학과

24 한국의 고등학교 교육
이원호 외 | 부산대 교육학과

25 가족과 방송
김학수 외 | 서강대 신문방송학과

26 재정개혁의 전망과 재산세제의 개편 과제
오연천 | 서울대 행정대학원

27 청소년을 위한 전자게임 프로그램의 규제 및 평가체계 개발
박혜원 외 | 울산대 가정관리학과

28 정신장애자 가족의 사회심리적 특성
이근후 외 | 이화여대 의과대학

29 가족의 관계역동성과 문제인식
이광규 외 | 서울대 인류학과

30 현대인과 한국전통음식
승정자 | 숙명여대 식품영양학과

31 기업의 초고속정보통신망활용
안중호 | 서울대 경영학과

32 지역발전을 위한 교육자치제의 개선방안
김남순 | 조선대 사범대학

33 전환기의 공무원 가치관
조경호 | 울산대 행정학과

34 지방자치와 사회복지의 과제
김영모 | 중앙대 사회복지학과

35 WTO체제하의 지방중소기업 지원정책
최명주 외 | 계명대 통상학부

36 현대한국의 시민운동
이효선 | 중앙대 사회학과

37 기업 세계화의 단계 및 정도의 측정
허영도 외 | 울산대 경영학과

38 가족복지를 위한 가족주치의 시범사업의 효과
이혜리 외 | 연세대 가정의학교실

39 한국대학생의 삶의 만족도
김재은 외 | 이화여대 교육심리학과

40 지역경제와 지역산업구조의 개편방향
정기화 외 | 전남대 경제학부

41 중국기업의 소유형태별 경영특성
노철화 외 | 부산대 무역학과

42 남북한의 인성 · 사상교육
한승조 외 | 고려대 정치외교학과

43 연계적 뇌기능 조언을 위한 의료용 멀티미디어 시스템의 설계
유선국 | 연세대 의용공학교실

44 다민족국가의 민족문제와 한인사회
최협 외 | 전남대 인류학과

45 저소득층지역 청소년 여가문화와 소집단 활성화
박문수 외 | 서강대 사회학과

46 삶의 질의 국제비교와 지역간 비교분석
이재기 외 | 울산대 경제학과

47 21세기 지역주민의 삶의 질
양종회 외 | 성균관대 사회학과

48 삶의 질에 대한 국가간 비교
조명한 외 | 서울대 심리학과

49 외국인 노동자의 노사관계와 사회적 적응
석현호 외 | 성균관대 사회학과

50 한국의 사법제도와 발전 모델
정종섭 | 건국대 법학과

51 고령화사회와 중상층 노인의 사회활동
조성남 외 | 이화여대 사회학과

52 한국의 서비스 시장 개방정책
한홍렬 | 한양대 경제학부

53 한국과 AFTA간의 교역증진 및 경제 협력방안
손일태 외 | 경희대 경제통상학부

54 물류비 절감을 위한 무역업체의 정보화전략
이영수 외 | 경북대 경제통상학부

55 사회주의 체제전환과 사회정책
오정수 외 | 충남대 사회복지학과

56 남북통일 이후 농업생산체계 개편
홍성규 외 | 건국대 농업경제학과

57 국제화와 세계화
하영선 외 | 서울대 외교학과

58 IMF 개혁정책의 평가와 한국경제의 신(新) 패러다임
조동근 | 명지대 경제학과

59 구조개혁과 실업대책
박동운 | 단국대 경제무역학부

60 21세기 신노사관계
심윤종 외 | 성균관대 사회학과

61 학교에서의 집단 따돌림
이춘재 외 | 가톨릭대 심리학과

62 한국노인의 정신건강실태와 건강증진
조맹제 외 | 서울대 의과대학

63 혁명과 개혁 속의 중국 농민
김광억 | 서울대 인류학과

64 중국의 경제환경과 한국기업의 진출 전략
지용희 외 | 서강대 경영학과

65 김대중 대통령의 시스템 사고
김동환 | 중앙대 공공정책학부

66 실업과 가족해체
최일섭 외 | 서울대 사회복지학과

67 합리적 부채비율 조정방안
오상근 | 동아대 경제학과

68 한국 중산층의 생활문화
문숙재 외 | 이화여대 소비자 · 인간발달학과

69 계층간 갈등상태에서 최적소득세
김진욱 | 건국대 경상학부

70 글로벌 경쟁력 제고를 위한 기업전략과 조직구축
이만우 외 | 고려대 경영학과

71 의료보험과 국민연금의 관리효율화를 위한 통합방안
사공진 외 | 한양대 경제학부

72 정부개혁의 과제와 전략
박우서 외 | 연세대 행정학과

73 책임운영기관 제도에 관한 비교분석
김근세 | 가톨릭대 행정학과

74 새로운 패러다임하에서의 한국기업의 바람직한 지배구조
최운열 외 | 서강대 경영학과

75 현대 한국사회의 계층구조
양춘 외 | 고려대 사회학과

76 한국의 산업정책과 산업구조조정
강인수 | 숙명여대 경제학부

115 디지털금융시대의 금융구조변화와 정부규제 및 정책
이충열 | 고려대 경제학부

116 지식경영을 위한 기업의 조직설계방안
김경수 외 | 전남대 경영학과

117 전자금융의 발달과 경제정책의 새로운 패러다임
이명훈 | 명지대 경제학과

118 동아시아의 안보와 유엔체제
강성학 편저 | 고려대 정치외교학과

119 유료 치매노인 그룹홈의 개발과 관련 정책
최정신 외 | 가톨릭대 소비자 · 주거학과

120 소비자 지향적 문화산업 정책
홍영준 | 호남대 광고홍보학과

121 국제 · 국가 · 지방 환경규제의 연계
정준금 외 | 울산대 행정학과

122 현행 회사 합병 · 분할제도의 평가와 개선방안
옥무석 외 | 이화여대 법학과

123 배려지향적 도덕성과 정의지향적 도덕성
정옥분 외 | 고려대 사범대학

124 기업구조조정에 대한 채권금융기관 및 금융감독기관의 역할과 책임
이중기 | 한림대 법학과

125 실업대책으로서 한국의 법정기준근로 시간 단축
박영범 | 한성대 경제학과

126 프랑스어의 비분리성 소유개념 표현
노윤채 | 연세대 언어정보연구원

127 지방채의 효율적 관리방안
강태구 | 호원대 법행정학부

128 21세기 산업구조 변화와 과학기술정책
임채성 외 | 그리스도신학대 경영정보학부

129 인터넷 쇼핑몰 이용자의 불평행동
예종석 | 한양대 경영학부

130 한국기업의 성과급제도 현황, 효과 및 개선방안
김성수 | 서울대 경영학과

131 전자상거래와 소비자보호
서민교 외 | 경일대 인터넷국제통상학과

132 평생학습 사회에서의 인적자원개발을 위한 사회적 파트너십 구축
김영화 | 홍익대 교육학과

133 한국 공교육의 새로운 구상과 전략
권대봉 외 | 고려대 교육학과

134 한국의 정부개혁
김태룡 | 상지대 행정학과

135 지방정부 생산성 측정의 이론과 실제
이은국 외 | 연세대 행정학과

136 불가 시문학론
배규범 | 경희대 학술연구 교수

137 남북경제교류의 법적 문제
제성호 | 중앙대 법학과

138 경제위기와 청소년 발달
구인회 | 서울대 사회복지학과

139 생명과학기술의 응용과 기본권보호적 한계
정상기 외 | 한남대 법학과

140 경제발전과 정치환경의 한 · 일 비교분석
정갑영 외 | 연세대 동서문제연구원

141 한국 공교육의 진단
윤정일 외 | 서울대 교육학과

142 우리나라 지방자치 발전을 위한 자치 단체장의 역할
정성호 외 | 경기대 사회과학부

143 의료보험제도의 개혁방안
권순원 | 덕성여대 경제학과

144 중등 도덕교육의 현실과 문제
손동현 외 | 성균관대 철학과

145 사이버공동체 발전론
이명식 | 상명대 경영학과

146 남북경협 확대에 대비한 북한 담보 제도의 정비방안
박훤일 | 경희대 법과대학

147 한국 공무원 인사제도 개혁
김판석 | 연세대 행정학과

148 교사화법 교육
임칠성 외 | 전남대 국어교육과

149 세계화의 문화정치학
임혁백 외 | 고려대 정치외교학과

150 효과적인 e-SCM을 위한 의사결정 조정 시스템 모형
이원준 | 성균관대 경영학부

151 환경거버넌스
김종순 외 | 건국대 행정학과

152 자동차산업의 인적자원관리
이덕로 | 서원대 경영학부

153 한국과 영국 간 지식기반산업 비교
이명호 | 한국외대 경영학과

154 한국 벤처기업의 기술네트워킹 및 기술마케팅 전략
장영일 | 인제대 경영학부

155 회사변호사의 윤리
오승종 | 성균관대 법과대학

156 미디어교육론
이정춘 | 중앙대 신문방송학과

157 조선시대 서원과 양반
윤희면 | 전남대 역사교육과

158 환경문제와 철학
박찬국 | 서울대 철학과

159 노인보건복지 이론과 실제
김명 외 | 이화여대 보건교육학과

160 북한의 법체계
권재열 외 | 숭실대 법학과

161 생명공학기술의 안전성 확보에 관한 법적 고찰
이재협 | 경희대 법학부

162 청소년복지학
김성이 외 | 이화여대 사회복지학과

163 변화하는 세계, 변화하는 복지국가
조영훈 | 동의대 사회복지학과

164 의리의 윤리와 한국의 유교문화
김낙진 | 진주교대 도덕교육과

165 미국의 통상정책과 통상법
윤충원 | 전북대 무역학과

166 사회복지 프로그램 평가
김학주 | 경상대 사회복지학과

167 환경주의와 지속가능한 발전
정대연 | 제주대 사회학과

168 무역과 환경
김기홍 외 | 경기대 경제학부

169 산업계 유해폐기물의 위험과 관리
김금수 | 호서대 경상학부

170 백범 김구의 지적 계발과정 탐색
문용린 | 서울대 교육학과

171 태평양전쟁 발발 이후 일제의 인적 지배와 그리스도교계의 대응
윤선자 | 전남대 사학과

172 거버넌스 상황에서 갈등관리를 위한 대체적 분쟁해결제도
서순복 | 광주대 법정학부

173 시장경제의 유형과 민주주의
최배근 | 건국대 경상학부

174 일본고전소설 총론
김현정 | 국립한국전통문화학교

175 국어 교육을 위한 국어 문법론
이관규 | 홍익대 국어교육과

176 율곡의 군주론
전세영 | 부산교대 윤리교육과

177 동북아시아 환경협력
정서용 | 명지대 법학과

178 기후변화협약과 기후정책
신의순 외 | 연세대 경제학과

179 인터넷과 국제 학술정보 네트워크-하이퍼링크 분석
박한우 | 영남대 언론정보학과

180 국내 기업복지의 활성화 방안
최수찬 | 연세대 사회복지대학원

181 세계화와 인간안보
김우상 외 | 연세대 정치외교학과

182 세계문화유산 종묘 이야기
지두환 | 국민대 국사학과

183 한국 평생교육의 사회철학적 과제
곽삼근 | 이화여대 교육학과

184 강점모델
정순둘 | 이화여대 사회복지학과

185 글로벌시대의 계약법
박영복 | 한국외대 법과대학

186 배심제와 시민의 사법참여
안경환 | 서울대 법학과

187 동북아공동체
김재한 | 한림대 정치외교학과

188 정치 참여와 탈물질주의
김욱 | 배재대 정치외교학과

189 퍼지전문가회로망을 이용한 금융기관의 사이버 기업여신결정 지원시스템의 개발
권혁대 | 목원대 경영학과

190 환경정책과 환경법
송인성 | 전남대 지역개발학과

191 포스트모던 시대의 평생교육학
한숭희 | 서울대 교육학과

192 현대 한국인의 세대경험과 문화
박길성 외 | 고려대 사회학과

193 서구의 근로연계복지
김종일 | 건국대 사회복지학과

194 사회복지운동론
현외성 | 경남대 사회복지학과

195 외국의 역모기지 사례
유선종 | 건국대 부동산학과

196 옛이야기와 어린이문학
이지호 | 진주교대 국어교육학과

197 노인사회복지관광의 정책과제와 방안
김창수 | 경기대 관광학부

198 복지서비스의 민간위탁 시스템 분석
김순양 | 영남대 행정학부

199 새로운 빈곤층의 대두와 정부의 정책과제
김진욱 | 건국대 경제학과

200 문화행정론
김정수 | 한양대 행정학과

201 스칸디나비아 노인용 코하우징의 계획과 적용
최정신 외 | 가톨릭대 생활과학부

202 북한의 자연생태계
공우석 | 경희대 지리학과

203 통계로 이해하는 러시아
전홍찬 | 부산대 정치외교학과

204 사회복지법인의 경영과 회계
이동규 | 충남대 회계학과

205 의약분업 정책과정
차흥봉 | 한림대 사회복지학과

206 지역공동체와 평생교육
오혁진 | 동의대 평생교육학부

207 아동보호서비스의 실제
한미현 | 백석대 사회복지학부

208 그린마케팅
박재기 | 충남대 경영학부

209 아동권리와 아동복지
이혜원 | 성공회대 사회복지학과

210 국제 이주와 인도인 디아스포라
김경학 | 전남대 인류학과

211 질병과 의료의 사회학
조병희 | 서울대 보건대학원

212 북한이탈주민의 사회통합을 위한 지역복지실천의 모색
이기영 | 부산대 사회복지학과

213 치매노인케어론
조유향 | 초당대 간호학과

214 노인상담입문
서혜경 외 | 한림대 대학원 사회복지학과

215 '통일 이후 통일과정'으로서의 독일 통일영화
이준서 | 이화여대 독어독문학과

216 중국의 사회보장
오정수 | 충남대 사회복지학과

217 환경자원의 경제적 가치와 환경오염의 사회적 비용
김재홍 | 울산대 사회과학부

218 사회복지프로그램의 경제적 평가방법
박창제 외 | 상주대 사회복지학과

219 자유의지와 결정론
안건훈 | 강원대 철학과

220 심리학자들이 쓴 행복한 결혼의 심리학
채규만 외 | 성신여대 심리학과

221 현대 해석학 강의
양해림 | 충남대 철학과

222 한국인의 주거 빈곤과 공공주택
하성규 | 중앙대 도시 및 지역계획학과

223 IMF 경제위기와 한국 출산력의 변화
김두섭 | 한양대 사회학과

224 동아시아의 영토분쟁과 국제법
이석우 | 인하대 법학부

225 독일 복지국가와 사회복지서비스
정재훈 | 서울여대 사회사업학과

226 사회복지사를 위한 실용 비모수통계
엄명용 | 성균관대 사회복지학과

227 피해자학 연구
이윤호 | 동국대 경찰행정학과

228 광고언어창작론
박영준 외 | 부경대 국어국문학과

229 환경규제 패러다임의 전환
한철 | 한남대 법학과

230 고령사회의 노동환경변화와 고용 시스템의 문제점 및 법적 대응
고준기 | 국립군산대 법학과

231 세계화와 소득불평등
이성균 외 | 울산대 사회과학부

232 유비쿼터스 사회의 이해
안중호 외 | 서울대 경영학과

233 국제환경책임법론
박병도 | 건국대 법학과

234 한국의 선거와 민주주의
윤종빈 | 명지대 정치외교학과

235 한국 시민운동의 구조와 동학
조대엽 외 | 고려대 사회학과

236 또래관계
송영혜 | 대구대 재활심리학과

237 해외 한국기업과 현지인 노동자
석현호 외 | 에스콰이아학술문화재단

238 독일 국가복지에서 민간복지단체의 역할과 의미
차성환 외 | 한일장신대 사회복지학부

239 청정공학
조정호 | 동양대 생명화학공학과

240 한국전통연희론
심상교 | 부산교육대 국어교육학과

241 정신장애와 가족
서미경 | 경상대 사회복지학부

242 빈곤통계의 작성과 활용
김주환 | 동국대 정보통계학과

243 인터넷과 한국정치
강원택 | 숭실대 정치외교학과

244 북한의 시장경제이행
정영화 외 | 서경대 법학과

245 시스템사고로 본 지속가능한 도시
문태훈 | 중앙대 도시및지역계획학과

246 실버산업과 유비쿼터스 컴퓨팅
고일상 | 전남대 경영학부

247 재활상담과 사례관리
나운환 | 대구대 직업재활학과

248 영유아교육기관에서의 장애 이해 교육
유수옥 | 우석대 유아특수교육과

249 장애의 사회적 의미와 사회통합
박수경 | 대진대 사회복지학과

250 경제분석의 수리적 기초
조인성 | 공주대 경제통상학부

251 비영리부문의 비교연구
김승현 | 서울산업대 행정학과

252 고등교육경제학
반상진 | 전북대 교육학과

253 과학윤리교육의 이론과 방법
조희형 | 강원대 과학교육학부

254 결혼이민자가족의 이해
김오남 | 대불대 사회복지학과

255 동아시아 국가의 공공부조
신동면 | 경희대 사회과학부

256 특수아동 진단 및 평가
이나미 | 대불대 특수교육과

257 계약형 사회복지와 권리옹호시스템
이명현 | 경북대 상주캠퍼스 사회복지학과

258 실내공기질 및 위해성 관리
양원호 | 대구가톨릭대 산업보건학과

259 충남 방언 문법
한영목 | 충남대 국어국문학과

260 교육권론
노기호 | 군산대 법학과

261 도시경관계획론
임승빈 | 서울대 조경 · 지역시스템공학부

262 교통의 새로운 패러다임
김형철 | 경원대 도시계획 · 조경학부

263 노인의 삶의 질 향상을 위한 주거환경 디자인
천진희 | 상명대 디자인대학 실내디자인전공

264 사회복지와 문화
박병현 | 부산대 사회복지학과

265 장애인복지의 이론과 실제
이선우 | 인제대 사회복지학과

266 창의성 개발을 위한 디자인교육 콘텐츠
김선영 | 인천가톨릭대 조형예술대학 환경디자인학과

267 구성주의 사회복지 실천 기술론
고미영 | 서울신학대 사회복지학과

268 장애아교육학
김기흥 | 부산교육대 유아교육과

269 지역사회복지와 자원부문
한상진 외 | 울산대 사회학과

270 환경관리회계
육근효 | 부산외국어대 회계학부

271 인권 관점에서 보는 장애인복지
유동철 | 동의대 사회복지학과

272 정신증상
송지영 | 경희대 의과대학병원 신경정신과

273 사이버공간의 사회심리학
이성식 외 | 숭실대 정보사회학과

274 노인에 대한 사회적 돌봄과 돌봄 서비스의 질 보장
최희경 | 신라대 가족노인복지학과

275 아동 심리치료의 실제
신현균 | 전남대 심리학과

276 사회복지와 위험관리
노충래 | 이화여대 사회복지전문대학원

277 국제 탄소시장의 이해
양승룡 | 고려대 식품자원경제학과

278 타자의 초상
신문수 | 서울대 영어교육과

279 한국정치와 환경정치
나정원 | 강원대 정치외교학과

280 북한이주민
윤인진 | 고려대 사회학과

281 음주의 사회경제적 비용
정우진 외 | 연세대 보건대학원

282 지방정치와 동북아 도시거버넌스
박재욱 | 신라대 행정학과

283 노숙인 복지론
남기철 | 동덕여대 사회복지학과

284 유럽통합과정과 지역협력
이규영 | 서강대 국제대학원

285 사회복지재정 연구
지은구 | 계명대 사회과학대학 사회복지학과

286 지역사회 교육개혁을 위한 시민사회 조직의 참여
김영화 | 홍익대 교육학과

287 복지사회를 대비한 국민연금의 구조개혁
박영석 외 | 서강대 경영학부

288 한미 FTA 지재권 협상에 따른 의약품 분야 사회후생 변화
오근엽 | 충남대 무역학과

289 산업입지, 환경 그리고 지역경제
이기동 외 | 계명대 국제통상학과

290 감성지능 개발을 통한 삶의 질 향상
김경수 외 | 전남대 경영학부

291 교육복지론
이용교 외 | 광주대 사회복지학부

292 인간과 행복에 대한 철학적 성찰
박찬국 | 서울대 철학과

293 유럽연합의 사회통합 사례와 교훈
이무성 | 명지대 정치외교학과

294 민영화와 사회후생
이상호 | 전남대 경제학부

295 북한의 교육학 체계 연구
최영표 외 | 동신대 교육대학원

296 한국 지속가능발전의 구조와 변동
정대연 | 제주대 사회학과

297 우리나라의 공익 연계 마케팅에 관한 연구
임승희 | 전주대 경영학부

298 시각장애인복지론
김영일 | 조선대 특수교육과

299 그린에너지와 환경촉매
정석진 | 경희대 화학공학과

300 취약학교 초등학생을 위한 온라인 보건교육 프로그램
박경옥 | 이화여대 보건관리학과

301 신탁제도를 통한 고령자의 보호와 지원
최수정 | 서강대 법학전문대학원

302 사회적 약자계층에 대한 실태분석 및 정책방안
이은우 외 | 울산대 경제학과

303 한류 문화와 동북아 공동체
최혜실 | 경희대 국어국문학과

304 노동유연화와 해고보호법
권혁 | 부산대 법학전문대학원

305 사회복지 위험관리의 이해
박미은 | 한남대 사회복지학과

306 의료기관의 회계와 세무
노준화 | 충남대 경영학부

307 여성인적자원의 전문성 확보를 위한 경력개발
백지연 | 이화여대 국제사무학과

308 정신병리
강선경 | 서강대 신학대학원

309 바다의 반란 적조
윤양호 | 전남대 해양기술학부

310 한국 장애인 복지 발달사
이성규 | 서울시립대 사회복지학과

311 서양예술 속의 동양 탐색
진상범 | 전북대 독어독문학과

312 한국인의 도덕성 발달 진단
문용린 | 서울대 교육학과

313 영국정치와 국가복지
고세훈 | 고려대 공공행정학부

314 인간학적 사유를 여는 중도·중복장애 교육학
이숙정 | 단국대 특수교육과

315 개별화 교육과정
이소현 | 이화여대 특수교육과

316 인간의 긍정적 성품
권석만 | 서울대 심리학과

317 지방자치와 지역여성의 전망
이혜숙 | 경상대 사회학과

318 한국 현대 노년소설 연구
전흥남 | 한려대 교양학부

319 정보격차 해소를 위한 창의적 정보교육 프로그램
이영준 외 | 한국교원대 컴퓨터교육과

320 한국 가족과 젠더
손승영 | 동덕여대 교양학부

321 한국의 복지혼합
김진욱 | 서강대 신학대학원

322 사회자본과 자원봉사
김태룡 외 | 상지대 행정학과

323 농촌교육복지연구
박삼철 | 단국대 교양학부

324 사회정체성 평가 차원에 대한 국제 비교조사
이명진 | 고려대 사회학과

325 캐나다 복지국가 연구
조영훈 | 동의대 사회복지학과

326 한국의 소수자운동과 인권정책
전영평 외 | 서울대 행정대학원

327 한국과 미국의 보육서비스 전달체계와 품질 비교분석
김근세 외 | 성균관대 국정관리대학원

328 한국사회의 소득불평등과 국민 의료이용
이용재 | 호서대 사회복지학과

329 정보시대의 인간안보
조화순 | 연세대 정치외교학과

330 가족의 사회경제적 특성과 아동발달
김광혁 | 전주대 사회복지학과

331 초·중·고등학생의 학업소진 진행과정 및 경로분석
이상민 | 고려대 교육학과

332 다문화사회의 사법통역
이지은 | 이화여대 통역번역대학원

333 동아시아 지역주의
유현석 | 경희대 정치외교학과

334 환경친화적 공공시설관리와 지역공동체의 삶의 질
이소영 | 중앙대 실내디자인·주거환경학과

335 의료보험의 법정책
김나경 | 성신여대 법과대학

336 양극화 시대 가족해체와 청소년의 적응에 관한 한국과 미국의 비교 연구
오승환 외 | 울산대 사회복지학과

337 기업의 사회적 책임과 지역경제사회발전 연구
허영도 외 | 울산대 경영학부

338 노인의 삶의 질 향상을 위한 온라인 소셜 네트워크 구축 방안
김진우 | 연세대 경영학과

339 청소년 생활역량
윤명희 외 | 동의대 평생교육학과

340 외국인 배우자의 다양성과 국제결혼의 안정성
김두섭 | 한양대 사회학과

341 정보인권의 규범구체화
이민영 | 가톨릭대 법학과

342 한국 사회복지실천의 고유성
최성재 외 | 서울대 사회복지학과

343 스웨덴의 환경책임 실천모형
최희경 | 경북대 행정학부

344 자율운동과 주거공동체
윤수종 | 전남대 사회학과

345 한국인의 공공봉사동기
김상묵 | 서울과학기술대 행정학과

346 한국 이혼가정 아동의 성장
김혜숙 | 경인교육대 교육학과

347 동양 사상과 노인 복지
홍승표 외 | 계명대 사회학과

348 노동과 사회보장의 연계
오문완 | 울산대 법학과

349 학습장애 위험군 아동의 조기선별을 위한 읽기검사 표준화 연구
김애화 외 | 단국대 특수교육학과

350 신·재생에너지에 기초한 녹색성장과 사회통합
김인호 | 이화여대 법학전문대학원

351 문화교류역량과 다문화 경영이 기업 경영성과에 미치는 영향
임병학 외 | 부산외대 경영학부

아 | 산 | 재 | 단 | 연 | 구 | 보 | 고 | 서

1 한국인의 도덕성 연구
배해수 | 고려대 국문학과

2 산업화와 청소년 진로
이원호 | 울산대 교육학과

3 공동체의식과 시민운동
김영섭 | 한양대 행정학과

4 한국청년의 삶의 의미 충족도와 만족적 태도
안정수 | 경희대 철학과

5 중국조선족의 사회발전과 한·중관계의 위상
손장권 | 고려대 사회학과

6 해송림 "솔껍질깍지벌레"의 천적 및 주요 종의 생태
김규진 | 전남대 농생물학과

7 사회정의와 실천윤리
박종대 | 서강대 철학과

8 동구개혁의 영향
김달중 | 연세대 정치외교학과

9 한국청소년의 의식세계
김문조 | 고려대 사회학과

10 고강도 철근 콘크리트 구조의 실용화
정헌수 | 중앙대 건축학과

11 신기술의 연관형태 및 출현예측의 구조모형
권철신 | 성균관대 산업공학과

12 민간기업의 연구개발을 위한 조세정책
권영훈 | 한양대 경제학부

13 기술개발 활성화방안
송승구 | 울산대 화학공학부

14 부패의 현상과 진단
이문조 | 영남대 정치외교학부

15 연구투자의 지역적 편중화와 부산지역의 기초과학연구 활성화방안
윤웅찬 | 부산대 화학과

16 GATT의 신구 덤핑방지협정과 그 대응방안
전창원 | 동국대 무역학과

17 한국사회의 도덕성 제고를 위한 진단과 처방
황경식 | 서울대 철학과

18 새로운 노사관계 방향
이진규 외 | 고려대 경영학과

19 21세기 동북아 정세예측과 한국의 전략적 대응방안
최평길 외 | 연세대 행정학과

20 소련의 한국에 대한 정책목표분석
신승권 | 한양대 정치외교학과

21 메모리 커패시터용 $Pb(Zr_xTi_{1-x})O_3$ 강유전체 박막의 제작과 특성
장지근 외 | 단국대 전자공학과

22 러시아 국제법학의 전통
김용구 | 서울대 외교학과

23 유럽연합의 현황과 전망
김동현 외 | 성균관대 행정학과

24 중국의 정치동원
송영우 외 | 건국대 정치외교학과

25 산업적 활용을 위한 이동로보트 시스템의 개발
박민용 외 | 연세대 전자공학과

26 중국조선족의 정치사회화과정과 동화적 국민통합의 방향
전인영 외 | 이화여대 사회생활학과

27 공적부조의 이론과 실제
최일섭 외 | 서울대 사회복지학과

28 대외통상환경의 변화와 법제개편
서헌제 | 중앙대 법학과

29 기업금융의 국제화
최생림 | 한양대 경영학부

30 자동차부품공업의 노사관계
김호진 외 | 고려대 행정학과

31 산업화 과정에서의 한국가족의 실태와 전망
정창수 외 | 성균관대 사회학과

32 공무원 가치관 실태와 정립방안
배병룡 외 | 경상대 행정학과

33 해외귀국청소년의 국내적응연구
이장영 | 국민대 사회학과

34 초고속정보통신망에서 LAN서비스 제공방안
이재용 | 연세대 전자공학과

35 WTO체제의 정책적 대응
김병진 외 | 경희대 행정학과

36 유럽의 통합정치
최수경 외 | 충남대 정치외교학과

37 유기질폐기물을 이용한 고단백사료원인 조류의 생산공정
최정우 외 | 서강대 화학공학과

38 초고속정보통신망의 수용성과 정책방향
박영상 외 | 한양대 신문방송학과

39 중국의 강남사회와 한중교섭
조영록 외 | 동국대 사학과

40 세계화시대의 사회・문화의식
신행철 외 | 제주대 사회학과

41 국내 외국인 노동자의 문제와 대책
성규탁 외 | 연세대 사회복지학과

42 노인인력 활용정책과 프로그램
김정후 외 | 강원대 법과대학

43 한일간 학술교류 현황과 활성화방안
정홍익 외 | 서울대 행정대학원

44 계량모형에 의한 한일 경제관계의 이해
김명직 외 | 한양대 경제학부

45 직장인의 음주행태와 삶의 질
진기남 외 | 연세대 보건행정학과

46 유통정보 시스템의 구조와 설계
정용길 | 충남대 경영학과

47 남북통일 이후 사회통합을 위한 교육의 역할
안기성 외 | 고려대 교육학과

48 대중음악에 심취한 청소년들의 심리적 특성
김인경 외 | 연세대 인간행동연구소

49 멀티미디어 시스템을 활용한 교육환경의 개선방안
김한일 | 제주대 컴퓨터교육학과

50 탈냉전기 한일관계의 쟁점
최상룡 | 고려대 정치외교학과

51 자치시대 새로운 '삶의 질' 지표의 모색
김형기 외 | 경북대 경제통상학부

52 유럽통합의 역내외 협력과 갈등
이호재 외 | 고려대 정치외교학과

53 21세기를 대비한 신노사관계
김재원 | 한양대 경제학부

54 대학의 시간제학생 등록제
안규철 외 | 전남대 교육학과

55 21세기에 대비한 방송통신정책
한진만 외 | 강원대 신문방송학과

56 주민참여를 통한 혐오시설 관리운영방안
박균성 외 | 경희대 법학부

57 여성의 정치적 권리인식과 정치참여
전경옥 외 | 숙명여대 정치외교학과

58 한국인 위장질환과 식생활・환경요인 및 *H. pylori* 감염과의 관계
이양자 외 | 연세대 식품영양학과

59 학생과 시민의 자원봉사활동
윤정일 외 | 서울대 교육학과

60 동북아 환경문제와 지역환경협력의 모색
신연재 외 | 울산대 정치외교학과

61 노인 자원봉사활동을 통한 사회통합 프로그램 개발
김동배 | 연세대 사회복지학과

62 물류정보 시스템
김태현 | 연세대 경영학과

63 전자식 문서교환을 이용한 항공화물 운송체계
민재형 | 서강대 경영학과

64 청소년과 성
이근후 | 이화여대 의과대학

65 민족통합과 무궁화호 위성의 남북한 공동활용방안
방정배 | 성균관대 신문방송학과

66 채식주의가 20대 여성의 영양상태와 에스트로겐 대사에 미치는 영향
성미경 | 숙명여대 식품영양학과

67 가상정보공간을 통한 지역개발 활성화 전략
유재천 외 | 한림대 언론정보학부

68 조산아 관리현황 및 정책수립 방안
박상기 외 | 조선대 의과대학

69 남북한관의 의식조사와 통일교육 개선방안
길동규 외 | 고려대 북한학과

70 동양 전통 자연사상 탐구
장동순 | 충남대 환경공학과

71 초고속정보망의 시뮬레이터 구현
한기준 | 경북대 컴퓨터공학과

72 유통원가 시스템의 유효성
정다미 | 명지대 경영학과

73 극악과 문화관광의 만남
정익준 외 | 동아대 국제관광통상학부

74 기업의 지식경영 활용사례
김창은 | 명지대 산업공학과

75 선진국과 한국의 직업교육・훈련제도의 특성과 한계
정주연 | 고려대 경제학과

76 제주지역 성인 여성의 자원봉사활동
이상철 외 | 제주대 사회학과

77 M&A와 문화충돌 관리
박원우 | 서울대 경영학과

78 폐금속광산 인근 주민들의 중금속 오염실태
정종학 외 | 영남대 의학과

79 북한 농촌・농업실태와 인력자원개발 시스템을 통한 북한 농민의 구호방안
박성열 | 건국대 교육공학과

80 중소 소매점의 경쟁력과 소매성과
채명수 외 | 한국외대 무역학과